続 常楽への道

吉田國太郎

日本教文社

序に代えて

中島　満江

今から半世紀前、養父 吉田國太郎の書『常楽への道』が出版され、今においても多くの方々に読み続けられてまいりました。これは私にとりましても喜ばしいことでございます。思いもかけずこの度、養父が書き残しました文章を纏《まと》めて、『続　常楽への道』として出版して頂くことになりました。養父はもとより三年前永眠いたしました養母ひでも大変喜んでいることと存じます。養母の話によりますと、この企画は、今から十数年前に一度計画されたということでございます。

その当時、養母は〝神様にお任《まか》せいたしましょう。出版することが皆様に本当にお役に立つものならば自然に事は成るでしょう〟と申しておりました。その時は、事は成りませんでした。そして、その後、この本の出版に関してのお話はそのままになっておりました。

時は移り、養母は平成十年の六月末に八十四歳の天寿を全うして大往生いたしました。養母は、常日頃から何かにつけて、〝神様に恥じない生活をしましょうね〟と背筋を凛《りん》と伸ばして申しておりました。恐らく、その言葉は、生涯生長の家の本部講師吉田國太郎の妻としての純粋な誇りであったと思われます。正《まさ》しく『常楽への道』を生きた人生でございました。

この度、はからずも時期が巡ってきたのでしょうか。この『書』は、輝かしき新しい世紀の始めの年に、自然にこの世に呱々《ここ》の声をあげることになりました。養母の言葉の通りに、この『書』が、皆様に本当にお役に立つものと信じ、心より感謝申し上げます。

最後にこの『書』の出版にご尽力頂きました日本教文社の編集者の方々、並びに関係者の皆様に心より御礼申し上げます。

合　掌

平成十三年　盛夏

続　常楽への道◆目次

凡例

一、本書所載の各論文の初出年月は、それぞれの論文の末尾に明記した。
一、初出論文は殆どが正漢字・旧仮名遣いであったが、読者の便を考え、増補新版『常楽への道』と同様、常用漢字・新仮名遣いに改めた。
一、指示代名詞の「此の」「其の」及び接続詞の「併し」「然し」はすべて平仮名に改めた。
一、送り仮名は原則として、昭和四十八年の「送り仮名の付け方」（内閣告示）に準拠した。
一、初出の明らかな誤植は、これを改めた。
一、本書の中に今日の観点から見て差別的表現ととられかねない個所があるが、原文尊重のため、そのままとした。

以上の統一、修正は著作権継承者の了承の下に株式会社日本教文社・第二編集部の責任で行った。

続　常楽への道

神の国は何処にあるか

人間は誰でも健康と幸福と成功を望まない者はないのである。しかしそれは如何《いか》にしたら得られるであろうか。キリストはこれに対して「先ず、神の国と神の国の義《ただ》しきを求めよ。」と教えたのである。

しからば神の国とは一体何であろうか、何によって構成されるのであろうか、神の国の義《ただ》しきとは一体何であろうか。それは人々に対して愛深きこと、深切《しんせつ》なこと、そして寛大なることであろうか、教会に対して十一税をおさめることであろうか、教会の礼拝に参列することであろうか。或《ある》いは隣人から求められる所の何事にも奉仕することであろうか。

神の国についての説明は今までも、幾多の人々について書かれて来たのであるが、尚《なお》その定義は確定していないのである。しかしこの定義こそ、あらゆる真理の理解の基礎となる所のものである。ダナ・ガトリン女史はこう云っている。

或る時私は精神統一に関する論文を書いていたのであるが、その時自分の心は自分の支配下にあるのであると云うとてもすばらしい発見をしたのである。従って自分の心の中にある所の想念に対しては自分が絶対責任があると云うことを知ったのである。やがて自分の心は、神様の愛の玉座であるということに気がついたのであった。私自身の性格を変化し拡大してそれを鞭打《むちう》ち祝福し給《たま》うべく神自《みずか》らの愛をつつみ給うのは人間自身の心の中に於《お》いてであるということが解ったのである。誠にも人が神をしり神と共に生きるのは、その魂の奥深い所に於てであることを知ったのである。私の魂の奥深い所にはすべての恩寵《おんちょう》と祝福との源泉である神の愛の玉座があるのである。それこそ自己に宿る天国であると知ったのである。

イエスはこの神の国を指して神の国はここに見よ、彼処《かしこ》に見よと云うにあらずして、汝《なんじ》の中にあると喝破《かっぱ》したのである。彼は又それを一個の芥子種《からしだね》にたとえて吾々の心の中にそれが植えつけられたならば一大樹木に迄成長する力をもっているのであると教えたのである。時には、又それをパン種のたとえを以《もっ》て教えたのである。それは、自己の中に宿されていてそれを適当に培《つちか》いさえすれば無限に伸びて行く力のあるものだと云う意味である。またイエスは神の国は手のとどく所にあると教えたのである。

「求めよ、さらば与えられん、叩けよさらば開かれん」と教えたのである。しかもそれを見ることが出来るのは肉の眼ではなかったのである。彼は又「人新たに生れずば、神の国を見ること能《あた》わず」とも教えているのである。然《しか》し、新たに生れるとは如何《いか》なることであろうか。ニコデモが「神、人はや老いぬればいかで生れることを得んや、再び母の身体《からだ》に入りて生るることを得んや」と問うた時にイエスは「まことに誠に汝《なんじ》に告ぐ、人は水と霊によりて生れずば、神の国に入ることを得ず、肉に生るるものは肉なり霊に生るるものは霊なり汝ら新たに生るる人、吾が汝に云いし事をあやしむな」と云っているのである。又彼は「汝等の天の父は汝らに神の国を与えんことがその願いなり」とも云って居られるのである。

かかる神の国は、神は霊であるから霊波によって構成せられている国に相異《そうい》ないのである。吾々が肉眼で見る世界が、物質の波によって構成せられているに反して、それは霊の波によって構成せられているのであるから、ラジオの異なる波長が同一空間をしめながらも決して重なり合わない如《ごと》く、又互《たがい》に混合してしまわない如く神の国は今ここの場所にありながら物質の世界には、目に見ることが出来ないのである。それは霊の領域であり、今ここに吾々は神の国を自己の中に内在せしめながら、肉眼に於ては物質の世界に住んでいるのである。吾々はしかしながらいつまでも五官の領域のみに心をとらわれていてはならないのである。吾々は生命の奥底を凝視《ぎょうし》して今ここに神の国のあることを自覚しなければならないのである。それを称してキリストは「神の国は汝の内にあり」と云ったのである。

吾らが自己に内在する神の国を自覚し、その完全さを心に常に描き又感謝するようになるまでは、内部の神の国は外に実現しては来ないのである。それまでは吾々はいろいろの悩みや苦しみや不幸の餌食《えじき》となるほかないのである。

キリストは「汝ら思いわずらうこと勿《なか》れ」と教えているのである。思いわずらうと云うのは自己の生命の内部に、今ある所の神の国を自覚しないからである。ある人はこう云って告白しているのである。「私の最もたしかに知っていることは、心配したからとてどんなよい所へ出られるというわけでもないということである。吾々が心配している限り何事も好転することはないのである」といっているのである。その人は過去に於ては病気貧乏その他あらゆる不幸にさらされていたのであるが、光明思想にふれて今や最も成功せる最も勇かんなる最も幸福なる最も楽天的人となっているのである。彼がかくなり得たのは、自己の内に神を見出したからであり、神と共に語り、神と共に行動する方法をしったからである。彼は即ち、自己の内に宿る神の国を見出したのである。その神の国が自覚に従って実現しつつあるのである。

まず心に光を点ぜよ。自分の住んでいる世界から暗黒をなくしようと思うならば、吾々は火を点ずればよいのである。心の中に火を点ずるとは自己の意識の中にひそんでいる暗黒思想、消極思想及びすべて否定的な思想を除去して、神の方へくらりとその思いを一転することである。そして神は到るところにいましたまい又全知全能であって、無限の愛を以て、わが求めるものを与えたまうのであると知ることである。知ることは現れることである。神の存在を知り神の愛を知り神の恩寵を知り神の常にここにいましたまうことをしることは神の全能を愛を恩寵を今ここに実現する道なのである。吾々は神の無限に賢き智慧に導かれ愛に守られ体のあらゆる部分を完全に健康ならしめたまい生活の万般に於て祝福を与えたまうことを信じなければならないのである。

もはや自己の中にましまます神を自覚するとき吾等は何ものをも恐れる必要はないのである。ここに神の国はあるのであるから、自分をにくむ人も自分がにくむ人も存在しないのである。吾々を恐怖する所の不幸も存在しないのである。ここにあらゆる病《やまい》があらゆる悩みがその力を失ってしまう所の神の国が存在するのである。神の全能の善なる力の前に如何《いか》なる悪の存在があり得ようか。神は決して一切の悪と一切の悩みをゆるし給わないのである。

このすばらしき神の前に汝自身のすべてを投げ出せ、神の光を今心行くばかり豊かに受けよ。あらゆる不幸は消尽《しょうじん》してあなたの前にはないのである。これこそが中にある神の国が外にまで実現したのである。

かくの如き神にみたされた境地に於て吾々は悩める人々に対して次の如く思念して云うべきである。

吾は汝を神の智慧と勇気と力とを以て祝福す
吾は汝を神の導きと守りと光栄とを以て祝福す
吾は神のよろこびと歓喜とを以て祝福す

こうして他を祝福するとき又自分も祝福されるのである。

あなたが自己の中に内在する神の国から平和と愛と健康と喜びと神の国の豊さとを

輝き出す時、祝福の放射線はあなたの中より流れ出て、外にまで顕現《けんげん》するのである。祝福する者が祝福されるのである。与える者が与えられるのである。あなたの目を高く神の祝福にまで上げよ。その目をふりかえりてあわれなる人々を祝福する光を送れ、宇宙に存在するあらゆるよきものは神の国より流れ出て、あなたの周囲に彼の周囲に、彼等の周囲に到る所に満ちあふれるにちがいないのである。そして黙示から第二十一章に説くが如く、新しき天と新しき地とが現れて来るのである。そして、今より後、死もなく悲しみも、叫びも、苦しみもなき世界が実現して来るのである。

なんという荘厳なることであろう。この荘厳に比すべき何ものも、この世に存在しないのである。この「神この世の終りまで吾汝らとおらん」とキリストは云っているのであるが永遠に今神の国はここにあるのである。

(昭和二三年一一月)

実生活に於ける愛の実践

神は愛である。愛するとは欲望することではないのである。欲望するのは愛欲である。真の愛は与えるところの愛であって欲望することではないのである。神はただ吾々に与えることのみを実践しておられるのであって何一つ吾々よりは与えられようとはしておられないのである。これこそが真の愛であるのである。自己の神性を自覚するところの神想観に於て、只《ただ》神より無限の智慧、無限の愛、無限の生命、無限供給が流れ入るとのみ念じて自己が欲望の塊《かたまり》となっている有様をみつめるが如きは真の神想観ではないのである。自己が神であるところの実相を観ずるのは、自己が如何に多くの人に与えているかの実相を観じなければならないのである。「わが全身神の生命にみたされて光明燦然《さんぜん》と輝く」と念ずるのは、自己が威張《いば》らんが為に光明燦然と輝いているのではないのであって、その光がすべての生きとし生けるものを光被《こうひ》し、すべてのものを愛し恵み、光を与えるために輝いているのである。その積《つも》りですべて生きとし生けるものに光与うる自覚に於て自己の全身が光明燦然と輝くのを凝視《ぎょうし》するのが神想観である。

ここにも「与えれば与える程ふえる。」の法則が行なわれているのである。親は子供を愛する、その愛の反映として子供は親を愛するのである。親がもし子供を老後に養って貰いたいために貯蓄をして置くつもりで世話するならば、それは真に与える愛でないから、子供の方も親を本当に愛することはないであろう。又子供が親を単に物質的供給をしてくれる世話人であるとのみ思っているならば、親の方も子供を真に深い愛情をもって愛することはできないであろう。すべて蒔《ま》いた種類の種が刈りとられるのである。蒔かぬ種は生《は》えぬのである。これが心の法則である。もし諸君が神の愛を受けようと思うならば、神の愛と同じき「無我の愛」を諸君の隣人に対して与えなければならないのである。斯《か》くの如くすることによって諸君は神から又無我愛を受けとることができるであろう。

愛は単に心で愛しているという丈《だけ》では足りないのである。愛は実践を要求する、愛は相手をよろこばす所の何か行為によって裏づけられなければならないのである。もし実践的行為に於て他を喜ばす何事をもなさないでいて、「自分は人類を愛する」等という人があるならばその人は大インチキである。

しかし絶対安静の病人以外の人は誰でも日々何かの行為をするのである。だから、その行為を愛の方向にふりむけるならば、誰でも愛行を実践することができるのである。御飯を食べるにしてもただそれを利己的に食べないで「この食をうくるによりて神の生命がわが生命となり吾を通して神の愛が実現致しますように」と祈りながら食するならばその食事が直《ただ》ちに愛の実践に変るのである。何事をなすにもこの仕事を通して人類を愛し給う所の神の愛が実現いたしますように念ずるならば、それはただの利己的祈りではなく、人類を愛する神の愛の媒介《ばいかい》となる行為となるのである。

「神は常に吾が仕事を通して人類を祝福し給う」と念じながら仕事をなすならば神の全智全能の波長と一つになるが故にその仕事は完全に行なわれ同時に自己および他を害するが如き故障がおこることがなくなるのである。まず神を愛することである。そして神と自己同一することによって、すべての人類を愛する、のである。「神の愛自分に流れ入って自分の愛を通して神が人類を愛し給うているのである」かく念ずることが自己自身を祝福することになるとともに全人類を祝福することにもなるのである。「与えれば与えるほど与えられる」のが心の法則であるから吾々は愛を他に対して流し出すことに努めなければならないのである。

世界に対して何か貢献するということは何か偉大な仕事をしなければならないように思ったり、何かすばらしい機会が見つかったならばその時に人類のために働こうなどと考える人があるかもしれないけれども、愛は今すぐ手近に実践すべく待っているのである。深切なことを今実行するそれが如何《いか》に小事《しょうじ》であろうともそこに神の愛が実現するのである。

毎日毎日時々刻々《じじこくこく》、一挙手一投足「われは今ここに神の愛を実現しつつある」と念じてすべてのことを為《な》せ、やがてすばらしいことが実現してくるであろう。毎日蓄積されるところの愛の念波が、次第次第と雪達磨《ゆきだるま》の如く巨大となって、凡《あら》ゆるよきものを世界からひきつけることができるようになるのである。


（昭和二四年一月）

人生の目的

何故自分はこの地上に生を享《う》けたのであろうか、この地上に生をうけた目的や如何《いかん》。大抵《たいてい》の人々は青年期が近づいてくると、多分この様な問題に心を悩ますようになるのである。そして多くの人々は、自《みずか》らその問題を解決すること能《あた》わずして或いは「人生ついに不可解」と叫び、或いは他の学者又は先輩に就《つ》いて人生の目的をたずねて真理探求の旅が始まるのである。しかし、多くの場合に於いて、その解決は得られないで、愈々《いよいよ》その解決の不可能に悩むのである。

しかしながら、その答えはすこぶる簡単である。そこには何らの神秘もないのである。それが余り簡単すぎるために却《かえ》って不可解に陥《おちい》っていたにすぎないのである。

神が吾々を造った、解決はこの根本事実の中にすでにあるのである。画家が絵をかいた。何故絵はこの世に生れたのであろうか。その解決はすでに「画家が絵をかいた」という事実の中にあるのである。画家は絵に於て自己自身を表現したのである。これが絵がこの世に出現した目的である。そのように人間が神によって造られてこの世に生れてきたという事は、神が人間に於て自己を表現せんがためなのである。だから人間は神の自己表現又は神の自己実現なのである。この事実を知るならば、人間と神の間には何らのへだたりもないことがわかるのである。「神がここに自分として現れている」のである。即ち自分と神とは一体なのである。「肉体」は画家が自らを表現せんがために描いた所の絵の「絵の具」のようなものである。「絵具」そのものが、絵ではないのである。しかし、絵具をはなれて絵はないのである。しかし絵具をして美を表現せしめている所の、或る生きている所の理念がある。これが絵の本質である。人間も肉体が人間ではない。肉体をはなれて人間があるのでもない。肉体をして斯《か》く表現せしめている所の「生きている理念」――それが人間である。そしてそれが神の生命が「人間」として現れている所の本質である。

それがわかると、人間は物質に非《あら》ず、肉体に非ず、又肉体をはなれたるものでもなく、肉体に於て神が自己を表現しているものであり、その本質は「神より出《い》でたる理念」であることがわかるのである。

そこで吾々はこの地上の生活を神の如く生きなければならないのである。しからば神とは如何なるものであるか。「神の如く生きる」とは如何に生きることであるか。

神とはすべてである。すべてであるから絶対である。絶対であるから対立がない。対立がないから完全に自由である。完全に自由であるから不必要な摩擦《まさつ》がない。不必要な摩擦がないから争いも闘いもない。争いも闘いもないからそこには平和がある。平和であって完全に自由であるから愉快で楽しいのがほんとの姿である。そしてそれはすべてのすべてであるから無限の生命をもっている。それはすべてのすべてであるから無限の智慧をもっている。それはすべてのすべてであるから無限の供給をもっている。それはすべて一体であるから互《たがい》に一つの自覚に於て愛し合っているのである。故にそこは無限の愛に満ちており無限の喜びにみたされているのである。斯《か》くの如きが神であり、神の自己表現であるところの人間も斯くの如きものであらねばならないのである。

神が斯くの如きものであると解ったならば、人間が如何に生くべきかということも自《おの》ずからわかる筈である。吾々はこの地上に神を実現するのであるから、完全に自由であり、完全に摩擦なく、争いもなく、平和なる、楽しき生活を生きなければならないのである。不愉快な生活の如きは神の子の生活を実現する所以《ゆえん》ではないのである。

又対立や争いのある生活も神の子の生活を実現する所以でもないのである。又神は無限の生命であるから、生命の欠乏している生活を、即ち病気とか老衰とかの生活を送るのも神の生活を実現する所以ではないのである。又、神は無限の供給であるから貧しき生活を送るのも、神が人間を造った目的に適《かな》うものではないのである。

しかし人生には、如何に多くの争いがみちており、病気や不幸がみちており、貧しき事実がみちているのであろうか。それは、人間の実相が神の自己実現であるということを自覚しないにすぎないのである。完全円満なる実相はあれども、これに対して心の目を開いてそれを見ないからである。

されば吾々は心の目を開いて人間の実相の完全なる事を見る修行をしなければならないのである。静かに坐して、「神の生命流れ入って吾が生命となる」と念じながら、自己の実相が神の生命そのものであることを自覚することが必要である。じっと自分の全身が神の大いなる愛にみたされていることを観じ、更《さら》に神の無限の生命にみたされていることを観じ、神の無限の智慧にみたされていることを観じ、神の平和に満されていることを観じ、神と自分とが完全に一体であることを潜在意識の底の底に到るまで自覚せしめることが必要なのである。しかる後《のち》、自分の全身が光明燦然《こうみょうさんぜん》と輝いて、その光が全世界に光被《こうひ》し、すべての人間を祝福し抱擁《ほうよう》し、愛しすべてを充《み》たしている光景をみるのである。更に自分の知れる限りの人々を、神想観中の精神統一状態に於いて祝福する事を忘れてはならない。ただ単に神の生命自分に流れ入るのみの神想観は初歩の修行であって、かかる神想観のみにて終るときには、与えることなきが故に却《かえ》って与えられることも少なく効果も却って少ないのである。諸君が富むのは、自分が地下深く採掘して宝をほり上げて来るのではなく、多くの人の愛念が自分にそそがれて、その結果自分が富むということになるのであるから、単に「無限の供給流れ入る」と念ずるだけでは、多くの人の愛念をうける資格がないのである。だから、多くの人の愛念の結晶によって無限の供給が現れてくるためには、まず吾々ができるだけ多くの人たちに愛念を放送することが必要である。神想観に於て自分の中に神の霊光流れ入りて満ち充ちたる心境に達したる後には、更に自分の全身より霊光が放射されて、その霊光が或る「祈りを頼まれた特定の人」又自分の知人、又はすべての人類をその霊光がひきつつんでいるかの如く観ずることが必要である。

ルイス・ビー・ブラウネル女史は、アメリカの精神治療家《ヒーラー》として有名であるが、自分の体験を次の如くのべている――

今より約四十年程前のことであるが、ブラウネル女史は米国東部地方《イースト》の或る大都市に住んでいて或るニュー・ソートの有名なるヒーラーの講座に列していたのである。その数年間彼女は多くの先輩についてニュー・ソートの学説を聴講しその方面の書物もずいぶん読んで、人間を癒《いや》す所の真理については相当理解をもっていたのでありますが、しかし自分自身の虚弱を治す上にはどんな立証をもあげることができないのであった。丁度《ちょうど》それは、この真理にふれてから七年になる頃であったが、彼女は何故自分自身におかげが得られないのであるかと考えていた時に、突如《とつじょ》として自分が今までまちがっていたことに気がついたのです。彼女は自分自身にこういいました——

「どうしたんだろう。私はこの真理を愛し、この真理を信じている。それなのにどうして私はこの真理を自分の体に直接体験することができないのだろう。」

こう考えた瞬間にきらめくようにルカ伝の一説が彼女の頭に思い浮かんだ。それは

——

「与えよ、されば与えられん。豊かに恵まれ、おしこまれ、溢《あふ》るるばかりに与えられん」と云う言葉であった。

彼女は今まで自分が自分自身の身におかげを得ようとして「真理」の思念をつづけ

ていたことに気がついたのである。「自分は少しも人に与えていなかった。自分はこれから自分自身におかげを得ようとするよりも、人におかげを与えようとすればいいのだ」と気がついたのである。他を祝福することの中に天国が実現するのであると気がついたのです。「まず神の国と神の国の義《ただ》しきとを求めよ。その余のものは汝らに加えらるべし」というイエスの言葉がはっきりとわかってきたのであった。

丁度その頃彼女が懇親《こんしん》にしていた有名な治療家《ヒーラー》が旅行することになったので、その治療の仕事を引継いでブラウネル女史にやってくれと頼まれたのであった。彼女は自分自身に他を治療した体験がないのと、治療力が自分自身に発揮《はっき》されるという自信もなかったので、一応ことわったのであったが、是非ともひきついで治療してくれと云う懇請《こんせい》によって、今まで治療をつづけていた患者たちをそのまま自分に委《ゆだ》ねられることになったのです。

やがて彼女の最初の思念の時間がきたのである。その時丁度彼女は朝おきると、はげしい頭痛で辛《かろ》うじておき上ることができる位であった。これは彼女の持病であって、数年間持病として続いておったものであった。その日起きてからは頭痛はますますはげしくなり、凡《およ》そ午後二時頃になるともうそれは耐えきれないほどの状態になった。

その時愈々《いよいよ》彼女は患者に対して思念をしなければならない立場になったのである。それは全く絶体絶命であった。彼女は「これが私のなすべき仕事でございますならば、これをなさしめたまえ」と念じてすべてを神に委《まか》せ切った心境で思念にとりかかるべく決心した。その時、彼女の耳に「汝これをなせ。汝は力を有《も》つであろう」という声がきこえて来たように思った。彼女は椅子《いす》から立ち上って、思念室へ出掛けて行った。その時なお彼女の神経系統は苦痛のために殆《ほとん》ど千切《ちぎ》れてしまいそうに感じられていたのだった。しかし彼女は意を決して、心の中にキリストの名をよび「キリストの愛と真理と癒す力を与え給うてこの患者をたすけたまえ」と一心に念じたのであった。

その時、忽然《こつねん》彼女の全身に名状しがたい不思議な力の流れが走るのを感じた。頭から足へとその不思議な流れは感電するように行き渡って、驚くべき力が自分の全身にみなぎって来て、吾ながら山をも動かす力とはこんな力だと感じられるほどであった。「自我」の自覚は消えてしまい、「我」の存在感がなくなるとともにすべての苦痛と不快との感じが一瞬にして消え去ってしまい、宇宙大生命の大海原《おおうなばら》と一つに融《と》けこんでしまったように感じられました。「自分」という小さなものが消え去ってしまい、自分というものは、天空の方にも、下の方にも、左にも右にも無限に拡がって、自分自身が宇宙的な巨人の如き存在者となったようで、その高き天空から患者の方へと天降《あまくだ》ってゆくような意識が感じられたと云っている。

その時まで、彼女に障碍《しょうがい》となっていたあらゆる恐怖、取越苦労、自己劣等感、人間嫌悪、自分自身の声すらも恐ろしく感ずるような神経の異常過敏が、その瞬間、跡《あと》かたもなく消えてしまいその後《ご》一度も再発しなかったのである。

以上のルイス・ビー・ブラウネル女史の体験のように、自分自身を癒《いや》そうと思っていた間は癒えなかったのであるが、他を癒してあげよう、他を祝福してあげようと考えるようになると、却《かえ》って自分自身が癒されたのである。

メタフィジカル・ヒーリングの根本原理は、現在意識が強く掲げた想念を潜在意識に印象されると、潜在意識の創化作用によって、想念されたものが形の世界に実現するのであるから、諸君に若《も》し悩みがあるならば、それが物質的であれ、精神的であれ、肉体的であれ、霊的であれ、何《いず》れにせよ諸君はそれを忘れるがいいのである。ルイス・ブラウネル女史が癒された根本原理も、他の人を治療してあげようと思い、その方へ心が集中して自分の病苦を心から放すと同時に、自分の心境が神の癒しを受信する通路となることが出来たからである。諸君が、常に幸福であり、健康であるように希望するならば、毎日出来るだけ多くの時間をさいて、他人《ひと》のために、神の愛をそそぐための通路となるように心がけるがよいのである。もし諸君がいよいよますます常にこの「与える」という方法を実行してやまなかったならば、諸君自身の運命及び肉体のあらゆる障碍は自《おの》ずから消滅してしまい、神の祝福の流れをうける所の諸君自身の通路は、いよいよますます広くなり、神の愛と力をいよいよ大きく受けることができるようになるのである。私が爰《ここ》に、神の無限の愛と生命と智慧とをうけて、それを他に対して与えるように心がけよというのは、神想観的観法《かんぽう》に於て、神の愛と生命と智慧とが光の流れの如く自分に流れ入って、それが自分の身体《からだ》より霊光燦然《さんぜん》と輝いて、それが自分の周囲の人たちにふりそそがれているように思念せよと云うことである。或る特定の「思念」を依頼された相手があるならば、その人に対してその光がそそいでいるように思念するのもいいのである。「与える」思念が、却《かえ》って「与えよ、さらば与えられん」の法則に従って自《おの》ずから「受ける」働きとなるのである。かくの如くするならば肉眼には見えないかも知れないが諸君の体からは光明燦然たる霊光が輝き出して、その光波が周囲に対してよき波動的影響を及ぼして、周囲の人達から愛せられ、尊敬され、自《おの》ずから自分も繁栄と健康とを得るようになるのである。

人間は神の自己実現である。神の愛と生命と智慧とを体験するのが人生の目的なのである。見えざる神の愛と生命と智慧とが人間に於て見える形に押し出されるのである。吾々はその出口を全開すれば好《よ》いのである。今まで吾々は、与えるのを惜《おし》む心で、或いは恐怖心で、或いは疑い心で、或いは取越苦労で、神の表現の出口を半《なか》ば閉鎖《へいさ》していたのであるが、吾々は心のパイプから斯《か》かる定着物を除《のぞ》き去り、容赦《ようしゃ》なくその出口を全開して神そのものの無限の善さを実現するようにしなければならないのである。かくする時、自我の一切の障壁《しょうへき》は消えてしまう。そこに自分に於て神の全き実現を見出すことが出来るのである。

与えれば与えるほど増えるのが神の法則である。この神の与えれば与えるほど増える無限の力を自己に植えつけられたのである。だから出来るだけその完全表現をなすことが吾々自身を尚《なお》一そう完全に実現することになるのである。

もし自分が貧しくあるならば、それを癒す道はその貧しさを悉《ことごと》く忘れることが第一である。しかして「吾は神の子であり、無限の富をもつ、その無限の富を全人類に今与えつつあるのである」かく念じて自分自身がすでに無限の富をもっており、霊光燦然と富の雰囲気を周囲に放射し、それによって多くの人類を富ましめつつあるのだ、という自覚をおこすことが必要である。かくて自己が放散する富の雰囲気によって自《おの》ずから富は引きよせられて来、富める人たちは自己の周囲に群《むらが》り来《き》たり、否応《いやおう》なく自分を富ましてくれることになるのである。

（昭和二四年三月）

環境は吾が心の影

一

何人《なんぴと》もこの世界に於《お》て自分の心の中に無き姿を見ることはできないのである。すべて吾々が物を見るという場合には、外界にある波動と同一の波動を自分の心の中に起すことによってのみそれを見ることができるのである。吾々は必ずしも外界にあるその通りの姿を見るのではないのである。外界から受けた所の波動又はショックを契機《けいき》として自分の心の中に起した所の波動を見るのである。だから一つの打撃でもそれを受ける感覚器官が異なると異なるものとして感ずるのが普通である。たとえば拳《こぶし》を以て目をなぐれば、その打撃を契機として吾々は「目から火花が出た」ように感ずるのである。耳を打撃されれば、それは光の感覚としては感じられないで、「ガーン」と一種の音響感覚として感じられるのである。又筋肉の上を打撃すれば、それはある圧迫の感覚として感じられるであろう。そういうふうに同じ一つの存在でも光を見る人は光として感じ、音をきく人は音として感じ、触覚を以て感ずるものは触覚的存在《しょっかくてき》として感ずるのである。目には音響を感じ得ないかの如く、耳には光を感じ得ないかの如く自分の中にないものは感ずることができないのである。さればこれを推《お》し進めて考える時には、吾々が外界にあると感じ見る所のすべてのものは、すべて自分の内界にあるのだといわなければならないのである。だから、他の人が悪いと見えるのは、自分の中にそれと同じ悪があってそれを見ているのだということになるのである。これを称して「環境はわが心の影」というのである。

若《も》し諸君が、世界に花が咲いたように美しく現れて、すべての人々から愛されることができるならば、その時には諸君自身がそれらの人々を愛しているという証拠なのである。もし諸君がそれらの人々を愛しないでいながら、それらの人々から愛されようと考えることは「環境は心の影」という法則に背《そむ》くのであるから、そんなことは到底あり得ないのである。周囲の人々が諸君に対して機嫌《きげん》が悪いならば、諸君自身が周囲の人々に対して機嫌が悪いのにすぎないのである。

或《ある》いは諸君は、「この人は私に関係なく、何か他の問題で悩んでいるから機嫌が悪いので、自分に何の関係もないのだ」というかも知れないけれども、もし諸君が自分自身本当に機嫌がよくなり、その人の周囲に春の日をもってくるような心で対するならばその人はあなたに対する面に於ては、やはり春の日をうけた楽しい小鳥のように愉快な面を現すであろう。その人が諸君に対して不機嫌であるのは、諸君自身がその人の表情の不機嫌さにひきずられて、その人の周囲に春の光のような朗《ほが》らかな感情をもつことができず、「おやじさん、今日は御機嫌が悪いな。困ったことだ。叱《しか》られるかもしれない。」などと自分自身陰気《いんき》くさい気持になるからである。すべからく諸君自身が愉快になって春の花の様な微笑《ほほえみ》をその人の周囲に持ってくるならば、きっとその人自身も幸福になるのである。

諸君は現象にとらわれてはならないのである。現象とは文字通り現れて見える形であって、本当にあるのではないのである。現れて見える形がその様に見えるのはさきに述べた通りに、自分の心の中にあるのと同じ波長のもののみを見得るのであるから、それは自分の心の影であるとして、それに心を捉《とら》えられてはならないのである。

二

吾々は現象を見ず実在を見なければならないのである。実在即ち神の造り給えるそのままの姿――実相――を見なければならないのである。吾々は自分の心の波動で造られた所の色眼鏡をはずして、「無我」になって実相そのものを見なければならないのである。吾々が無我になって、「我《が》」の波動を起さず、実相そのままの生命の波動に於《お》いて、事物の実相を見る時には、すべてのものは神の造り給えるその如くに美しく見えるのである。すなわち、今まで吾々自身の心の波によってゆがめられていた所のその姿が消えて、ゆがみなき所の正真正銘《しょうしんしょうめい》の完全なる実相の姿を見ることができるのである。その時すべての人間は美しく睦《むつ》み合い、愛し合い、賞《ほ》め合い、讃《たた》え合い、「愉快であれ、幸福であれ、楽しくあれ、健《すこや》かであれ」と互に呼び交《か》わしている所の姿を見ることができるに相違ないのである。もし吾々が真に無我であるならば、到る所にかくの如き世界を見出すことができる筈である。もうそこには何等《なんら》の争いもなく、貧しさもなく、苦しみもなく、悩みもなく、叫びもなく、病いもなき天国浄土がさながらに実現する筈なのである。

腹立たしい、焦々《いらいら》した、尖《と》んがった言葉や、表情や、争いにみちた人々をこの地上に見出すことは、神の造り給いしこの世界の円満完全に美しき実在の姿に対照して如何《いか》に不調和なる取り合わせであろう。かくの如き不調和なる世界は神の造り給いし実相の世界には存在しないのである。春の鳥が常に鳴き、百花《ひやっか》常にほほえむ所の実相の世界と、苦虫《にがむし》を嚙《か》みつぶした様な、争いと苦悩にみちた世界とは、同時にこの世界には存在しようがないのである。一方が真であるならば他方は贋者《にせもの》にすぎないのである。所が神は贋者であり得ないが故に、苦虫を嚙みつぶしたような不快な人間は贋者であって、本当には存在しないのだ。

三

利己主義や、人を侵《おか》して奪《うば》う心や、病気によって醜《みにく》くゆがんだ姿などは、神の造り給いし本当の世界には存在し得ないのである。かくの如きものは神の生命の波動――神のコトバ――によって造られたる世界には存在しないのである。もし悪しきものが存在するならば、それは吾々人間の想念の波が、なぐられた眼が、ある波動を光りに翻訳《ほんやく》して、「眼から光りが出た」と感じるように、実在の完全な波動を、別の波動に翻訳して感じるにすぎないのである。即ち悪の現象が現れて見えることは、吾々人間の想念の波動が、実在の世界を誤訳したのにすぎないのである。

四

イエスが「心の清きものは神を見ることを得」といった如く、吾々の心の波が無我になりきり、心が清らかになり、罪即ち「ツツミカクスモノ」なき状態となり、直接神と神の造り給いし世界を完全に見ることができるようになった時に於て、吾々は初めて実相完全なる世界を今ここに見ることができるのである。すべての迷いの心、誤れる想念、暗黒なる感情、利己主義なる欲望等が完全になくなった時に於て、吾々は今此処《ここ》に神の国が現前することを悟るであろう。吾々は心の目の覆《おお》いをとり去らなければならないのである。凡《あら》ゆる罪と悪と不完全とが存在するという誤れる想念を払拭《ふっしょく》して心のレンズを素通しに透明ならしめる時に、今此処《ここ》にこんなにも美しき完全なる世界があったのかと気がつくことができるのである。かくの如き世界が現れてくるまでに吾々は、すべての利己主義的な欲望、自己拡張のためには他を踏みにじってもかまわないというような、まちがった想念、この世に悪があるという考え、他をつき倒さねば自分が上へ上れないというような考え……等を、きれいに心のレンズから拭《ふ》き清めてしまう必要があるのである。

諸君は自分自身の心のレンズが、いつでも利己主義な考えを起す時に、その考えが不透明な膜《まく》になり、不完全な被覆《ひふく》になり、実相世界の美しく円満にして豊かなる世界の姿を現すことを妨害し、そのため自分自身が却《かえ》って不幸になるということを知らなければならないのである。

もし仮りに諸君がそのような心を起してみたまえ。折角《せっかく》諸君の前に深切な愛深き美しき天国をさし拡げていてくれた友人や、顧客《こきゃく》や、先輩達が、自分から遠ざかってしまい、折角今まで自分の前にくり拡げられていた所の天国が何時《いつ》の間にか姿を消して、淋《さび》しい荒涼《こうりょう》たる地獄の光景を現すことに気がつくであろう。それは環境は自分の心の影であるからである。

まあ何でもいい、諸君は喜ぶことである。楽しくなる事である。明るくなる事である。世界は光明にあこがれているのであって、暗い面にはあこがれてはいないのである。もし諸君自身の魂が明るく輝き出すならば、明るい町に人々が集って行く様に明るき楽しき人々が諸君の前に集って行き、そこにはおのずから楽しい愉快な豊かなる天国浄土が実現するに相違ないのである。

ともかく言葉に、表情に、態度に、行いに、すべて今ここに愉快な楽しき天国があるということを完全に実際生活に実演して見られよ。あなたの住む世界は直《ただ》ちに天国浄土そのものに変貌《へんぼう》してしまうであろう、しかし人間には習慣性というものがあるから、そう一瞬の中《うち》に、言葉も、態度も、表情も、行いも悉《ことごと》く一遍に明るくなることができないであろう。然《しか》らば「今日一日だけはかくの如くやって見よう」と決心して、一年間それを持続して見給え。あなたの全生涯が変ってしまうに相違ないのである。今まであなたに近づかなかった有力な助け人があなたに近づいてくることになるであろう。又今まであなたが引き寄せていたつまらない人間達があなたの周囲から姿を消してしまうことになるであろう。そして暖かき楽しい豊かなる人々があなたの周囲に集り来たり失意の貧しいやつれた見苦しき姿はあなたのそばから永久に去ってしまうであろう。それは真《まこと》にもあなたの生活の革命となるのである。太陽が出れば陰《かげ》は消えざるを得ないのである。諸君よ、心に太陽を輝かせよ。而《しか》して、醜《みにく》き姿を見るな。美しき姿のみを見よ。暗《やみ》の中には生命も光明も存在しないのである。光を運んで来るような人となれ。心配を口にするな。幸福のみを語る人となれ。花は太陽の方を向いて咲くのである。神の恵みも光り輝く明るい人々の方向にふりそそぐのである。常に栄えて衰えないのは明るい人々の運命である。

五

蟹《かに》は自分の甲羅《こうら》に似せて穴を掘るという諺《ことわざ》があるが、人間は自分の心に似たる所の環境を作るのである。ある人は自《みずか》ら心で光を拒絶して、すべての人々から排斥《はいせき》されているような土牢《つちろう》の如き暗黒世界を作ってその中に住むのである。失望と暗黒と災厄《さいやく》とはそういう人々の周囲につきまとうのである。後ろを向いて走れば堕落《だらく》するばかりである。上を向いて走れば向上の道があるのである。ただ明るさのみを見よ。光を見よ。美を見よ、希望のみを見よ。罪を見るな、みぐるしさを見るな。不幸を見るな。災厄を語るな。病気を語るな。貧乏を語るな。ただ感謝せよ。ただ感謝の中にのみ吾々は本当の光を見出すことができるのである。そのような感謝にみち、希望にみち、光にみちた人々がこの世界に増えて来ることによってのみ、この世界が天国化することができるのである。吾々は凡《あら》ゆる努力をつくして光を見る所の心の習慣を養《やしな》わなければならないのである。

六

今まで如何《いか》に暗い方面を見る心の習慣があるにしても失望するにはあたらないのである。吾々は自分が自分で自分の心の主人公なのである。下向《げこう》した堕落の道と同じ道が、同時に方向さえかえれば向上の道なのである。同じ道に立っていながら明るい方へ、青空の方へ、上の方へ向って行きさえすれば、吾々の心の習慣は明るくなってくるのである。陰《かげ》を見る心が起った瞬間に「光を見よう」と決意して光の方へふりむく努力をつづければ、せめて一年間続ければ諸君の心の習慣は完全に以前と変ったものになっていることを発見するに違いないのである。同時に諸君の周囲が完全に変っていることを発見するであろう。そして環境はすべて自分の心の影であったということに気がつくに相違ないのである。今まで自分が陰気くさく、暗いことのみを考え、失望を予想し、災禍《わざわい》を予想していた時にはそれらのものが集ってきていたのに、今は又何と変ったことであろう。幸福と希望と愉快と無限供給と愛深き深切なる人々とが自分の周囲に雲のように集ってくることを見出すであろう。心を一変すれば、ここがこのまま常楽の天国浄土なのである。

（昭和二四年三月）

神想観の時の注意

神想観中に吾々が接触する所のエネルギーは、物質的世界以上の霊的世界のエネルギーであるから、各々《おのおの》はそれを正しく理解して正しくそれを受け取ることが必要である。完全に宇宙最高の神霊《しんれい》と感合《かんごう》する状態に、真にできるならば、それは問題がないのであるが、吾々は尚《なお》色々の欲念、正しからざる感情、正しからざる願望等が自分の潜在意識内に蓄積されたままで精神統一状態に入るものであるから、それと同じような欲念、感情、煩悩《ぼんのう》等を抱いている霊魂達の波動と感応《かんのう》して、時として、所謂《いわゆ》る「憑《ひょう》依《い》状態」又は「神がかり状態」というものになることがあるのであって、かかる場合、これを以て、最高の神が自分にかかってきたものであるなどとまちがうことがあってはならないのである。

精神統一中に、或る場合には大声でどなりつけて見たくなったり、叫び声をあげたくなったり、悲しくなって涙が流れたりするような実例もあるのであるが、これは地球表面に漂《ただよ》うている所の、これと同じ程度の感情、想念等をもっている霊魂の波動に感応したものであるのであるから、最高の神が自分に来たものと思ってはならない。

吾々は神想観中に、他の修行者達が、「色々の霊感を受けた」とか、「神の姿をみた」と云って、それがさも自分の心境が進んでいる証拠であるかの如く吹聴《ふいちょう》するのをきいて、それが、何らかうらやましい出来事であるかの如く感じ、自分もそういう状態にならせたい等という欲望を起してはならないのである。精神統一の状態は、ラジオ・セットにスイッチを入れたと同じような状態であるがために、如何《いか》なる霊波にでも感応し易い状態にあるのであるから、もし自分の心のバリコンの廻転の仕方によって、正しからざる欲念を起すならば、ただちに斯《か》くの如き霊波に感応して時として驚くべき危険に面することがあるのである。それ故、神想観中には、心を平らかにして一切の自我的欲望をすてさって、ただ最高の神に心をふりむけるように努めながら精神統一することが必要なのである。ただたんに短い同じ語句を繰り返している中に無念無想の状態になってしまって、何の意味の言葉を繰り返しているのかわからなくなるような無念無想的精神統一法は、目的とする所の観念が明瞭でないがために、地表に漂うている如何なる低級なる霊魂の波動にも、感応し易い状態になるのである。これでは選波《せんぱ》能力がないのであるから低級霊に支配されることになる。神想観に於ては如何に精神を統一しても最後の最後まで何を思念しているかが明瞭でなければならない。たんに心を静めるために意味のない時計のチクタクの音をきいて恍惚《こうこつ》状態に入ると同様な意味に於て、意味のはっきりわからない言葉（例えば数息観《すうそくかん》）の如きを繰り返す事によって精神統一をするやり方は、神想観の精神統一法ではないのである。たとえば、吾々が神想観の最初に於て「神は無限の智慧である」と念ずる時にははっきりと神を思い浮べ無限の智慧を思い浮べ、どこどこまでも神の智慧が明瞭に光り輝く姿で宇宙に充満せる有様を、心の眼の中に注視しなければならないのである。かくて、それを心の眼で注視している中に、心が朦朧《もうろう》として何もわからなくなるような精神統一状態ではいけないのである。「神」の観念、「智慧」の観念をはっきり明瞭に心に描いて、その外《ほか》のことを出来るだけ考えないように、それに心を集中するのである。神想観は真理又は実相に対して心を集中する方法であって、心が朦朧とするとか、呆然《ぼうぜん》となるとか、何を考えているかわからなくなるとかいうような心の停止方法ではないのである。心がいよいよますます活潑《かっぱつ》に活動している状態であって、ただ善きことにのみ活動しているから、外のことを考え得なくなるのである。だから思念するところの言葉を出来るだけ迅速《じんそく》に回数多く繰り返し繰り返し念ずるのがいいのである。

神想観をし始めると愈々《いよいよ》益々《ますます》雑念が思い浮んで来て、却《かえ》って思念しようとする言葉を念じなくなってしまうようなこともあるがそういう場合には、自分自身の静坐しているところの姿を自分の目の前に描いて、それを相手と見なして、それに向って真理の言葉を演説してやっているような気持で、心の中でその思念の言葉を繰り返すが好いのである。或いは又瞑目《めいもく》している瞼《まぶた》の裏に、自分の念じようと思う言葉を、銀色の文字を以《もっ》て、メモでも書くような気持で、書くに従って、その文句が目の前に浮んでくるように努力しながらその文字を一所懸命みつめる気持で精神統一するのである。すると何時《いつ》の間にか自分の心がその文字の現す通りの観念に統一されるということになり易《やす》いのである。

精神統一中に、自《みずか》ら神だと称して、耳の中で何かしゃべる言葉がきこえたり、或いは腹の底から声がこみ上げて来て自分の発声器官を使って、自分が云おうとしない言葉をしゃべり出したりすることがあり、それが予言的性質をもっている場合には、自分自身も非常にそれに興味を覚え、得意になって人に話すと、人もそれに対して、非常に興味を覚えるのであるが、こんなことに心を惑《まど》わされてはならないのである。神は自己の中に宿っており、神想観は自己に宿る神性の開発であるから、その神性は正常なる姿に於て自己の脳髄意識を通じて、その想念が現れてくるのであって、決して他働的に、二重人格式又は、精神分裂病式に現れてくるのではないのである。ある時には自らの口をもって「自分は生長の家の神様である」とか「自分はキリストである」とか云って出て来て、「お前の心境が大変進んだからわしがこれからお前を使って世界を救うのである」などと云う大袈裟《おおげさ》な宣託《せんたく》をなすことがあっても、そんなことを信じてはならないのである。それは自己の「斯《か》くありたい」と云う想念の具象化にすぎないのである。「自分が最高の神の示現《じげん》として、何か一仕事《ひとしごと》をしたい」というような願望がある時にそういう状態が現れてくることが多いのである。或いは「かく自分が神の代表者として現れた場合に周囲の者を征服し得る」という希望から斯くの如き状態を現すこともあるのである。それが顕《あらわ》れる多くの場合に於ては、家庭の不調和な状態に於て現れる。自分が普通の人間の状態では誰でも自分のいうことをきいてくれないような場合に、「自分が神の表現となって家族全部を支配しよう」という願望がそれによって具象化するのである。斯くの如き不純なる願望の念波に感応して低級霊がその人の体を占領して左右することもあるのである。かかる場合には、医者の方からいえば、所謂《いわゆる》「精神分裂病」又は「誇大妄想狂」として診断される。吾々の住んでいる所の地表の世界に於ては、無数の迷える霊魂の波があり、又いたずらで人間界を騒がして悦《よろこ》んでいる様な霊魂の波もあるのであって、吾々がかかる精神波動に感応し易い状態になる時、直ちにそれに感応することになるのである。真に宇宙の最高霊なるものは、各人の「生命」として内在しているのであって、吾々と分離したる世界に住んでいるのではないのである。その宇宙最高の霊が自分と別にあるように現れて、自分を賞《ほ》めたり激励するような言葉を発するようにきこえるのは、結局は「神さまにほめられたい」という願望の現れにすぎないのである。

梁《りょう》の武帝《ぶてい》が仏教に熱心であって自分自ら放光般若経《ほうこうはんにゃきょう》を講義すると天の花がさんさんと雨降ったという位であり、寺院僧侶に供養して仏教の振興《しんこう》に無理に力を尽したのであったが、南方より達磨大師《だるまだいし》が渡来して来たのを招じて、さて「このように大いに供養しているが何の功徳《くどく》があるか」と達磨大師に尋《たず》ねると、大師は答えて曰《いわ》く「無功徳」と。そこで武帝は大いに悲観した。達磨大師は「武帝語るに足らず」と愛想をつかしてそこを去ったという事である。普通の人ならば、自分が般若経を講ずると、天の花がさんさんと降ったというような出来事が起るともう有頂天になってしまう所であるが、斯くの如き「花弁降る《はなびらふる》」奇蹟の如きは、自分の「功徳を求める想念の影」であって、そんなものは自分の心境の低いことを現しているにすぎないのである。功徳を求めて寺院僧侶に供養している如き欲念は摧破《さいは》しなければならないのである。だから達磨は「無功徳」と一喝《いっかつ》したのである。

禅宗の坐禅に於ては、坐禅中にかかる妄想を見ることは妄念の現れであるとして、峻《きび》しく排斥《はいせき》されているのである。たとい坐禅中に神の姿を見ようとも、「仏にあえば仏を呵《か》し」といわれているのであって、「静坐中に生長の家の神が現れたから功徳があった」などというような功徳に執する心持《こころもち》を捨てなければならないのである。かかる現象的功徳を喜ぶような心を捨てて、ただ実相の世界にすでに満ちたる所の功徳を心に描いて直視《じきし》するのが本当の神想観である。すでに功徳はあるのであって、目の前に神様の姿が見えたり、花葩《はなびら》がさんさんと降ったりするのが功徳ではないのである。だからキリストは「まず神の国と神の国の義《ただしき》を求めよ、その余のものは汝らに加えらるべし」と教えていられるのである。神の国即ち「実相の世界」にはすでに功徳が充満しているのであって、それのみに心を集中すれば、それで万事が整うのであって、「無功徳」の所に真の功徳が現れ、功徳を求める所に却《かえ》って功徳は消えてしまうのである。

神想観中に宇宙霊が人格的姿を以て、その人の口を使ってしゃべるが如きは決してないのであるから、吾々は迷わされてはならないのである。それならば高級霊は吾々に憑《かか》って来て何か霊示《れいじ》の如きものを見せるであろうか。否々斯《いないなか》くの如きことも殆《ほとん》ど全くあり得ないのである。多くの降霊《こうれい》現象が戦後日本の処々に於て起っているけれども、高級の霊魂などというものはその様な霊媒《れいばい》にかかってきて、手品のような物理現象をおこして見せたり、善男善女を不思議がらせて楽しんで見たりするようなそんな余裕をもっているものではないのである。そんなひまつぶしな半《なか》ばごまかしめいた半ばおどかしめいた手品のような出来事は高級霊の仕事ではないのである。自ら幾千年前の霊であると称して霊媒にあらわれ、彼らが如何にも人が感服するような教えを時に話すことがあるにしても、その多くは集っている人達の潜在意識の中にある所の想念を、読心術《とくしんじゅつ》的に知って、それを自分の教えとして発表するにすぎないのである。一寸《ちょっと》した霊ならば読心術的に相手の心がわかるからである。

大体予言をきかなければ自分の前途が不安であるなどというような心境は決して生長の家の正しき信徒ではないのである。吾々は神の子であり、絶対自主独立的な人格をもっているのであるから、自分の言葉が自分自身の運命に命令して自分自身の運命を如何《いか》ようにでも変化することができるのである。自分の言葉が運命の支配者であって、吾々は予言者に頼る必要はないのである。予言者に頼る者は、自分自身が神の子であるという自覚、自分が自分の運命の支配者であるという自覚が足りないからである。真に偉大なる霊は自分が救世主となって人から崇拝《すうはい》されたいと思うような傲慢《ごうまん》な人には感応しないのである。吾々が高き階級の霊魂と感応しようと思うならば、まず吾々は小さきことから始めなければならないのである。人に認められようなどとは思わず、まず家庭を光明化しなければならない。そして自分の接触する一人二人を導いて行く、斯《か》くの如き謙遜《けんそん》な小さき仕事の中に、却《かえ》って大いなる仕事があるのである。

精神統一の行事に熱中している時に、時として、その人の手に自動書記的運動が起って来て、無暗《むやみ》に紙に鉛筆の走り書きを始めることがあるものである。最初は他愛もない鉛筆のぬたくりが渦巻きのような唐草模様《からくさもよう》のような出鱈目《でたらめ》のようなものをかいていたのがだんだんそれが文字になり、終りに意味ある文章を綴《つづ》るようになって来たりする。その中には予言的文章等もあって、時にはその予言が適中することもあれば、時には的《まと》がはずれることもあるのである。的をはずれた予言の部分を見た所の人達は、早速それには愛想をつかしてしまうのであるが、適中した予言の部分を見た人達は、いかにもその人にかかって予言せしめている霊を偉大なる神霊であるかの如く信じこんでその人を教祖にもちあげたりするものであるが、これは極めて危険なことであるのである。これらの人たちの書いたものは、一種の共通的特色がある。第一世の終りの予言をすることとである。聖書の言葉に連関することをかいたり、仏典にある文句を引用したり、その間を巧みに縫《ぬ》い合わせていよいよ最後の審判が近づいて来たかの如き警告が書かれている事が多いのである。書いてある内容は半《なか》ば正しい道徳的なことが書いてあり、時とすると人間では殆《ほとん》どいい得ないような真理が、ズバリとかいてあったりする。と思うと、何だか私的なことがかいてある。誰かをほめることがかいてある。そして概《おおむ》ね書いている自身を人類救済の救世主であるかの如く持ちあげ、激励するようなことが多いのである。そして自分自身の名前を「たかみむすび神」であるとか、イエス・キリストであるとか名のりをあげて、傲慢尊大な文章をかくのである。かつてある生長の家信者は戦争中自《みず》ら生長の家の神がかりであると称して多くの信者を吸収し、どこに爆弾が落ちてその家が焼失してしまうと予言して適中し、その予言に従って移転して禍《わざわい》をまぬかれた人もあったが、最後には、「谷口先生も戦災にあって裸一貫になって逃げだして来て私の家に避難してくる」と予言したがこれは適中しなかった。そしてその人自身は病気して死に、家族不和のため離散して遺族は今不幸な生活をしているという事である。又或る県には自ら「たかみむすび神」であると称し、嘗《かつ》て谷口先生の戦災死を予言して的中しなかった事は棚にあげて、『生命の實相』の真理や神示を殆どその一句々々もそのまま焼き直して「自分の恩師は谷口であるが自分はその教えに一歩を進めたものである」と称して信者を吸収しているあつかましい似非《えせ》神がかりもあるのである。こういう人にだまされて集って行く人もある。

そうしてこの種の宗教が神想観類似のことを伝授するのであるが、形式は神想観に類似しているが、内容は宇宙の最高霊に感応する方法ではなしに、幽界《ゆうかい》に住む浮浪霊《ふろうれい》に感応するように導くから肉体がたちまち霊動をおこし合掌を上下に振動せしめはじめる。すると心霊界のことには素人である所の新参の修行者達は、「さあ自分に神がかかってきたのである」と有頂天になってしまって大《たい》したおかげを蒙《こうむ》った如くその指導者の所へ集って行くのである。そして中には気が狂うのがあらわれる。生長の家の信者の中にも、大分そういう邪教にひっかかって、じっと静坐しているよりも手が上下に動いて喋《しゃべ》るのが、いかにも神があらわれたように見えるので、それに引っかかって正しき信仰を失って所謂《いわゆ》る「神憑《かんがか》り」になることをおかげのように思っている人達があるがこれは実に愚かなることなのである。人間は肉体、エーテル体、幽体、霊体、本体等の数種の体（体といっても波動の凝集《ぎょうしゅう》せるものであって、形のことではない）が複合しているものであり、エーテル体は感覚の座であって幽体は感情の座となる所の波動体である。所謂神憑りの現象に於て感応してくる霊は幽界に住んでいる所の霊であって吾々の肉体が平静となり、肉体意識が稀薄になったのに乗じて、幽界にいる幽魂（死者の感情の波）が肉体に感応して来て肉体をあやつって喋《しゃべ》ったり書いたりするのであって、それらの霊が、ききかじりの真理をまことしやかに伝える所は如何にも正しい真理を伝えているかの如く見えるが、それはただのききかじりの真理にすぎないから時に支離滅裂《しりめつれつ》のことがまじるのであり、そして一方に光輝燦然《こうきさんぜん》たる真理が書かれているかと思うと、一方には老いの繰《く》り言《ごと》の如く幾度も同じような意味の警告や心配や予言や威嚇《いかく》などの支離滅裂な文章が列《なら》ぶのである。それはこの種の霊の感合によって得たる霊示の外に、本人の潜在意識中にある希望や、これまでよんだ書物の中にある最後の審判の恐怖や、人類全体を貫いて存する「業《ごう》は果さなければ消えない」というような恐怖心の合成によってなったものである。それは時には的中する予言もあり、やがて的中せざること爾光尊《じこうそん》の如くにもなるのである。ある生き神様は私に面会しようとして私に面会謝絶をくらってはるばる某県まで帰って行った事もある。彼女は私に「生き神様」だと折り紙をつけてもらいたかったのであるが、そのためにこそ私を訪問したのであるが私を訪問しても、そんなことを証明してくれるものではないということすら予言的に予知することができなかったのであってこの種の生き神様が、どの程度の予言能力を有《も》っているかということは彼女自身の行為自身によって暴露《ばくろ》しているのであった。しかしその人の予言を信じて教祖とまつりあげて信仰している人がだんだんふえているということであるから、信仰にもいろいろの程度種類のものがあるということがわかるのである。何故《なにゆえ》に本源の宇宙神が、宇宙神の名を僭称《せんしょう》するそのような似非《えせ》予言者を存在せしめているのであるかというと、それはかくの如き似非予言者によらなければ救われない低い程度の人も地上にはあるからである。それらの信者は予言でおどして正しい道に導かれ、やがて予言でだまされて、霊界の事情なども知るようになり、「予言なんて信ずるものではない、結局自分は神の子であって自分の運命は自分で支配しなければならない」という最後の真理を、いろいろ迷ったりだまされたりした挙句《あげく》、悟らしめられるように、その予言者が存在するのである。

セオソフィ（接神学《せっしん》）のアリス・A・ベーリー女史が真の神憑《かみがか》り的神示を認むべき書物と、似非予言者の書物とを区別する表示となるべきものとしてあげているものを参考に列記すれば次の通りである。

一、真の正しき神憑り文章は筆者自身を偉くみせるような個人的な文句を書いていない。

二、真の神示は愛の言葉にみたされていて憎みや民族的な偏愛の言葉を書いていない。それは智的に判断して正確な事実を伝えており、直覚によって判断される所の権威ある風格をそなえている。

三、その文体は法則に適っていて支離滅裂ではない。

四、それは道徳的に正しく人類を一歩前進せしめる価値ある叡智であるとの印象をうける内容を有《も》つ。

まずこんなものである。各々がもしこの資格に合わないような予言者や、心霊能力者に出会った時にはかかる者に頓着《とんちゃく》してはならないのである。よし、それが正しくとも各々はその正しき予言によって自分で危難から免《まぬか》れようなどと耳を藉《か》す必要はないのである。吾々は将来の予言ややがて起る災禍《わざわい》についてゴシップなどをしているひまがあれば、もっとほかに人類をたすけてやるべき仕事がいくらでもあるのである。吾々は将来の「災禍」を心に描くことはやがて、「災禍」の波動を心におこして「災禍」そのものに波長の共鳴によって近づいて行くことになるのである。そのようなことにひまつぶしをすることを吾々は恥《はじ》と思わなければならないのである。吾々はそれよりもまずすべて人間が神の子であり互に結びついて手をつなぎ自《おの》ずから平和が実現する運動にこそ協力しなければならないのである。

精神統一を修行している人達の中に、精神を平和に静かにすることの反対に却《かえ》って興奮してくる人達が往々にしてあるのである。ある人々は就寝前に神想観をすると興奮して眠れないという人がある。こういう人達は就寝前の神想観を避ける方がいいのである。中には神想観をして精神が平静になる代りに異常に性的興奮を覚えるような人達もあるのである。これは恐らく、その人の日常生活が不規則なる性生活に支配されていた所の業《ごう》が形に浮び上ってそれが消えようとする働きであるらしいのである。ある場合は低級の霊魂がその性的興奮の業の波に感合して憑依《ひょうい》してくることもあるのであって、これらは適当なる指導者によってその低級霊を退散又は改心せしめる必要があるのである。中には修行の精神極めて旺盛《おうせい》であるにも拘《かか》わらず、性的生活を完全に支配し得ない人達が極稀《ごくまれ》にあるのであるが、これは宇宙に充満する生命の波が精神統一中にその人の最も弱点であるところを刺戟《しげき》して興奮せしめるのであると解釈している人もある。結局それは過去に於ける想念の集積が表面に浮び上ってそれが顕著な働きをなし、従って又その方面に興味をもつ低級霊の感応をも引き起すに到るのである。ある人の説によれば、かくの如き状態は精神統一の際に、臍《へそ》より下の部分に精神を集中する所より起る精神の興奮であるとも解釈しているのである。これを避ける方法は臍より下の部分に精神を集中しないことであって、むしろ、高き心霊の表現である所の（頭部）に集中することをアリス・ベーリー女史はすすめているのである。その一つの方法は眉間《みけん》に精神を集中することである。念ずる言葉を眉間に描いて、それを見詰めて読む様な気持で精神を統一するのである。自然に眉間が感電する様にピリピリ感ずることもある。即ち釈迦《しやか》が法華経を講ぜられた時に、「眉間の白毫《びやくごう》より光を放ち東方万八千の世界を照す」状態になられた所のその眉間の部分に精神を集中するのである。そしてそこより釈迦牟尼仏《しやかむにぶつ》の如く神の愛の光が光輝燦然と輝き出てその光を全人類に与え全人類を今光明化しつつあると云うが如き心持《こころもち》で精神を集中することは、人体の下部に精神を集中するよりもそのような性的興奮から逃れる方法として適当なものであるのである。自分がお蔭を得ようと念じて精神統一をするよりも功徳が多いのは愛を与える心は、愛を与えられたい心よりも神に一層近いからである。

（昭和二四年五月）

生命の不可思議　――求道随筆――

吾が心は五官的世界を見るが、吾が霊は霊の世界を見るのである。肉眼はただの水滴である雨だれを見るのであるが、霊はそれが神の生命の美しき珠玉であることを見るのである。五官は物質である樹木を見るが、霊は躍如《やくじょ》としておどっている樹木の生命に神を見る。肉の眼はそこにただ肉体の友人を見るのであるが、霊の眼はそこに彼に宿る仏様を見、キリストを見るのである。

○　　○

今が法悦《ほうえつ》の時である。歓喜の時である。喜ばしきかな、この世界。神の国はここにあるのである。現象を掘り下げよ。その海の底に龍宮があるのである。ウミの底とは創造の本源である。今ここに龍宮がある。立処《たつところ》皆真である。

○

なぜ彼等は聖者と呼ばれるのであるか。なぜ彼等は賢者と呼ばれるのであるか。彼等は普通人が喜び得ないような困難にぶつかりながら、たえず喜ぶべき実相を見ているからである。堪え難き困難に面しながら、心に困難を見ず、たえず法悦《ほうえつ》にひたっているからである。普通人が周章狼狽《しゅうしょうろうばい》するときでも静かに実相を観じているからである。普通人がいやな顔をせずにはいられないときに、少しもいやな顔をしないからである。私はこのような境地になりたいと思う。神想観中にはややそれに近い境地になれるが現実生活では尚未《なおいま》だしである。

○

神の智慧は大いなるかな。計りしれず深きかな。どんな「みず糸」でもその深さを計ることは出来ないのである。神の智慧いと高きかな。どんな物差しもそれを計ることはできないのである。神の智慧は広くして又精《くわ》しきかな。どんな図解もそれを表すことができないのである。

○

頬《ほお》にふれる風、紅葉して落つる木の葉、叢《くさむら》にすだく虫の音《ね》。すべてこれ神の響《ひび》き、神の音楽。

○

祈りに始って祈りに終る生活こそ尊いのである。小さき神の恵みを、大きく感謝し得る者は幸いなるかな。既《すで》に与えられている恵みを、感謝しないものは次の恵みを与えられる資格がないのである。与えよ、されば与えられんということは真実である。

まず神に対して大いなる感謝を与えよ。然《しか》らば神は汝らに尚一層大いなる恵みを与え給うであろう。

○

神の恵みは既に与えられているのである。感謝しても、感謝しないでも、すでにそれは与えられているのである。波長を合わせても波長を合わせないでも、放送局の放送はあるようなものである。神想観をするのは、その放送に波長を合わせることになる。感謝するのは、その波長を増幅してうけることになるのである。

○

「神が光りあれと云いたまいければ、光あり」かくて万物は神のことばによって生じたのである。ことばとは神の生命の波である。想念の波である。神の想念を第一念という。又第一義諦《ぎてい》ともいう。吾らは第一念に生きなくてはならない。吾ら第一念に生きる時、神の国に生きるのであり、第二念に生きる時、奈落《ならく》の底に墜落する。想念に第一念あり、第二念あり、正念《しょうねん》あり、妄念あり、真心あり、妄心《もうしん》あり。

○

妄心を以て妄心を消すこと勿《なか》れ。煙を以て煙を消すこと勿れ。ただ煙なき心こそ、煙を消すことが出来るのである。迷っている心で迷いを消そうと思ってはならない。法句経《ほっくきょう》にも「まことうらみごころを以てしては、うらみをけすことはできない。ただうらみなきこころこそうらみをけすことができるのである」と書かれている。妄心にとらわれず、一躍円満なる実相を見ることである。さすれば円満なる実相が現象界に現れる。

○

「空の鳥をみよ、播《ま》かず、からず、くらに収めず、しかるに汝らの天の父はこれを養いたまう。汝らはこれよりもはるかにすぐるるものならずや。汝らの中《うち》誰か思いわずらいて身の丈《たけ》一尺を加えんや。又何の故《ゆえ》に衣を思いわずらうや。野の百合《ゆり》は如何《いか》にして育つかを思え、労《ろう》せず、つむがざるなり。されど汝らに告ぐ、栄華を極めたるソロモンだに、その装《よそお》いこの花の一つにもしかざるなり。」とイエスは教え給うた。人間は如何にして育つかを思え。人間のみ労し悩み苦しみ生活しなければならない理由があるであろうか。ねむれる間にも心臓は鼓動し胃腸は働き、腎臓はエリミネーションを行なう。目がなくなれば耳が自然に働くのである。ある人が、はな歌をうたってあるいた。すると盲人が「あの人は首がないのにうたをうたっている」といって笑った。付近の人々は「あれはめくらであるから、あの人にくびがついているのが見えないのであろう。」といって笑った。するとそのうたをうたっている人がある四ツ角まで行くと、辻斬《つじぎり》の武士が出て来て、その町人の首を斬ったのである。目あきがめくらであるか、めくらがめあきであるか。しる人ぞしる。めくらは耳のはたらきがしっていたから、心の目が開いて、すでにその町人が、首がなくなっていたのを見たのである。

中山亀太郎という金光教の信者は、幼いときに乗物にひかれて、両手片足を、なくしてしまったが、文字も書き、自転車にも乗り、自分の帯を結ぶ以外のことは、なんでも自由にできるという。又大阪堀江の芸者であった妻吉は十八九歳の時にその両腕を切られたがどんな細かい仕事でも、口で自由にすることが出来るのである。如何にしてそれができるか。その神秘は野の百合の花さく力と同じものである。

○

目を開いてみよ。到る所に神の生命が躍動している。神は地上に、あらゆる美しきものの種子をふりまいたのである。どんなに見ぐるしいと見えるものからも、美しきものは萌《も》え出《い》でるのである。こわれたる農家のあばら家や、枯れくちたる橋桁《はしげた》にも美しき画題があるのである。盲人にして聾唖《ろうあ》であるヘレン・ケラーは、よくきき、よくみ、よく語る山上の聖者である。これは彼女が偉いのではない。賞《ほ》むべきものはただ神のみである。神が一《ひと》たび名もない坊主をとらえれば、彼は直《ただ》ちに宗教改革者たるルーテルとなるのである。神が一度、大工の子供をとらえれば、彼は直ちにキリストとなるのである。神にとらえられること、これが人生の秘訣である。

○

神にとらえられたる百合《ゆり》は清浄致富《しょうじょうちふ》なる花を開き、神にとらえられない百合は地におちてくさってしまうであろう。無条件に神に「ハイ」というもののみ神にとらえられるのである。

○

祈りも神想観も機械的に形式的にのみ行なわれるのでは効果がないのである。吾が祈りはなぜきかれざるか、きかれざるものはふりかえって自己の祈りが形式的であり、機械的であることを見出すであろう。真に価値ある祈りは、魂の底から出た祈りでなくてはならない。又信仰によって高まったる感情を伴うものでなくてはならない。かかる祈りのみが、祈るに先立って、すでにかなえられたる祈りである。

○

信仰は神に全托しなければならない。一切の重荷を吾自《みずか》ら背負わずして、神に廻向《えこう》するのである。それはめくら滅法《めっぽう》にもがくことではないのである。それは光に委《ゆだ》ねることである。野の百合の奥にひそむところの神秘なる力に委ねることである。

○

神が吾らに求めたまうところのすべては神を実現するということである。吾々はその実現の姿も方法も手段も道程もすべて神に委ねればよいのである。無条件の神への服従が無条件の神の勝利であり、同時に人間そのものの勝利である。神が完全であるならば、神に任《まか》せきったときに、人間は完全になるより外ないのである。

内が正しければ、外が正しい。始めが正しければ、終りも正しいのである。神の始め給うたものに悪いものはないのである。

○

無限生長とすでに完全である事とは、直ちに矛盾概念《むじゅんがいねん》ではないのである。すでに実相に於《お》いては完全であり、現象に於て時々刻々完全絵巻が展開される。赤ン坊も完全であり、美しくあり、健康である。少年も完全であり、美しくあり、健康である。大人も完全であり、美しくあり、健康である。刻々瞬々に神の完全さが現れる。その展開が無限生長である。

○

太陽は大いなるかな。常に吾らに熱と光の光源なる無限の放射を天降し給うのである。彼は与うるのみにして、少しも求めないのであるから、永遠に減るということはないのである。与うる者は尚《なお》与えられ、うばうものはなおうばわれる。キリストは、全てを与えておいて自らは磔《はり》つけにかかったのである。

（昭和二三年一〇月）

法則と自由意志

一

実に信仰深き人でありながら、そして正しき道徳的な生き方をしていながら、病弱に苦しみ、そしてそれが何時《いつ》までも癒されないでいるのは何故であろうか。如何《いか》に神想観しても祈っても治らないで何時までも苦しんでいるのは何故であろうか。神の法則はそれを癒すことはできないのであろうか、神の愛はそれを癒すことができないのであろうか。

以上のような質問が往々《おうおう》にして誌友の間に起るのであるが、何故この世界には苦しみがあるのであろうか、神の造り給うた世界には病気もない苦しみもないと教えられ、而《しか》もそれを信じていながらその信念が功を奏しないのはなぜであろうか。

かかる人々の苦しみは決してその祈りが叶えられないのでも、神が彼の苦しみを欲し給うのでもないのである。神は決して如何なる種類の苦しみをも、人間に与えようと欲してはい給わないのである。間違《まちがい》は人間にあるのである。神は救いの神であり、完全の神であり、愛の神であり、生命の神であって、復讐《ふくしゅう》や刑罰《けいばつ》や病気や貧乏や災難の原因である神ではないのである。

キリストを磔刑《はりつけ》につけたのは、人間であって神ではないのである。神は磔殺《たくさつ》されたるキリストを墓より甦《よみがえ》らせ給うた神である。神の意志は復活であり、無限供給であり、健康であり、幸福であり平和である。如何なる刑罰も神は人間に与え給うのではないのであって、受難はただ人間のみから来るのである。

吾々自身がすべての困難の原因者であるのである。吾々は自分自身で困難を造り自分自身を罰するにすぎないのである。その自分自身を罰する方法はやはり神の法則を使うのであって、自ら火の中へ自分の手をさしこんで火傷《やけど》するように火は物を焼くという法則を使うことによって自分自身を罰するのである。しかし神は人間を焼くように火を創造《つく》ったのではないのである。

吾々が手を火鉢《ひばち》の中へつっこんで、火傷したからといって、決して神が吾々を罰したのではないのである。神は火の生ずる法則を造りその火によって飲食物をあたため、或いは鉄をきたえ、鋳物《いもの》をつくり等《など》して人生に色々の幸福を与えんがために、火の生ずる法則を造ったのである。神の法則は決して破《やぶ》る事はできないのであり、破ったと見えている時にも、儼然《げんぜん》としてその法則は存在するのである。たとえば「火は物を焼く」という法則は変らないのであるが、その法則を食物を温め或いは色々の日常の機具を製作するために、鉱物を熔《と》かすために使う時にも、人間を焼死せしめ家屋を焼失せしめる時にも、同様にその法則は変らないのである。ただ異なるのは吾々がその法則を、意識的にか無意識的にか何《いず》れにせよ、わざと自分を害するように使ったにすぎないのである。

吾々が火によって焼かれるというような不幸な出来事が起るにしてもそれは決して人間の自由意志の否定でもなければ、神の強制でもないのである。それは自由意志による所の自己選択によって行なわれている。その自己選択は、概《おおむ》ね無意識的に行なわれる場合が多いのである。

二

吾々は自分の環境が面白くないといい、境遇が苛烈《かれつ》であるといい、或いは周囲の人々が自分に意地わるをするといい、親父《おやじ》が頑固《がんこ》であるといい、姑が依怙贔屓《えこひいき》するなどといって、時々不平をこぼすのであるけれども、それは結局自分自身の心の反映が外界の出来事として現れているにすぎないのであって、自由意志を縛《しば》る如く見える所の外界の困難なる事情は、実は自分自身の自由意志が、意識的にもせよ無意識的にもせよ選択したる所のものであるのである。

斯《か》くの如き不幸なる、又は困難なる外界の事情は結局は吾々が神に対して完全に任せきらない所の「我《が》」の状態又は「我」の想念より来るのである。これを旧約聖書の創世記では知恵の樹《こ》の果《み》を食べると形容されているのである。即ち自分の自由意志によって「生命の樹」を選ばず、「知恵の樹」を選んだのである。それによって法則が自《おの》ずから自働して困難苦痛というような状態を生ずるのである。これを譬喩《ひゆ》的にいえば知恵の樹の果を食べたから楽園を追放されたというのである。

吾々が困難なく、苦痛なく、不幸なく生きるためには神の法則と調和しなければならないのである。吾々は神の定めたまえる「火は物を焼く」という法則を変化しようと試みる必要はないのである。その神の法則と調和した生き方をすればいいのである。たとえば火は物を焼くけれども、吾々はその火を煖炉《だんろ》の中に燃やして適当の距離におけば、それは冬の日に温かく我らを生活させてくれる所の神の愛の実現として現れるのである。吾々は神の法則に対して、自分の位置はどこにおくべきか、その法則を如何に使うべきかということを、神の智慧に導かれて行なう時に、神の智慧と法則とは、本来一つの神の二つの面であるが、調和した姿にその法則を利用することができるのである。自然科学の研究もその方向に向って行なわれなければならないのであって、科学的研究も神の叡智《えいち》によって行なわれる時、それは神に調和した生き方となるのである。

吾々が斯くの如く神の法則に対して調和ある生活を送る限り一切の不幸というものは消えてしまうのである。

しかし神は決して人間を強制し給わないのであるから、その法則を逆用し或いはその法則に対して不調和な位置にあるのも自由であるがために、吾々は時々その法則に害されたる如き結果を生ずるのであるが、それは決して神が吾々を害し給うのではないのである。

三

それでは吾々は如何《いか》にして神の叡智に導かれて法則に対し調和ある行動をとり、調和ある生活をなし得るであろうか。実際問題としてそれは極めて重大な問題であるのである。答えて曰《いわ》く、吾々は神に魂をつくし、心をつくし、精神をつくして愛することが必要である。そして、「我《が》」を捨ててただひたすら神のみ心にそう生活をすべく決意しなければならないのである。「我」を捨てて静かに坐して神の中にとけこむ祈り又は神想観をする必要があるのである。神想観のやり方を完全に知らない人は、神に近づくのに何もそんなにむずかしい形式ばった、宗派的な儀礼《ぎれい》が必要であるというようなものではないのである。自分がなくなって神にまかせきりの心境になればいいのである。「我」の思いをなくするために、いろいろの事物を見て「自分考え」をおこさないために先《ま》ず目を閉じ、ゆったりと坐するか椅子に凭《よ》りかかるかし、合掌して

「神さますべての事件をあなたのみ心におまかせ致します。私は今自分の知恵を悉《ことごと》くすてました。どうぞみ心のままになしたまえ。」そういう意味の言葉を心にくりかえし念じながら、心も体も何の力《りき》みも緊張もなくしてしまって、すっかり神さまにもたれこんだような気持になるのである。そして目の前にある所のすべての「困難」を、或いは「不幸」を心の世界からすてたしまうのである。二十分乃至《ないし》三十分こうして一切の事件の処理を神さまに任《まか》してしまった後、眼前にある日常生活の自分自身にわりあてられている仕事をするか、もし何か頭にひらめくように、「何かしたい」という考えがおこってきたらそのことを熱心にすればいいのである。

四

要するに「我《が》」の考えや我欲によって動いている時に困難というものは来たるのである。即ち神の法則を、神の智慧に導かれて正しい方向に使わずして誤った使い方をするのである。そして神が吾々に幸福になるべく造ってくれた所の火の中に、手をつっこむに等しいような行動をとることになるのである。人間が幸福になる道は、「我」

を捨てることである。「知恵の樹の果」をすてることである。キリストがいった「十字架を負《お》いてイエスに従う」ことなのである。「十字架を負う」というのは「我」を磔刑《はりつけ》にかけて、「我」を抹殺《クロス》してしまって、神のみ心に神の智慧によってすなおに従うことなのである。そこから本当の平和が本当の智慧が湧《わ》き出てきて、人間は真の幸福に達することができるのである。

キリストが第一最大の戒《いましめ》として教えたのは、「心をつくし、精神をつくし、魂をつくして汝の神を愛せよ」という事であったのである。次に彼が教えたのは「汝の如く汝の隣人を愛すべし」ということであった。更《さら》に彼が教えたことは「いと小さきものを愛するはキリストを愛するのである」ということであった。そして最後に「汝ら互《たがい》に相愛《あい》せよ、愛する所に吾はいるなり」と教えたのである。この四つの教えを連関させて考えて見る時に、神を愛するということは神の子である人間を愛することであり、いと小さき人間をも愛し得ないものは神を愛しているのではないということである。吾々は自己の中《うち》に宿る所の「神の子」を礼拝すると共に、人々の中に宿る所の「神の子」をも礼拝しなければならないのである。

パウロは「神を愛するのは神を霊として愛さなければならない」といったが、人間も「神の子」である以上はそれを霊として愛しなければならないのである。吾々は時として、人間を愛する道を誤るのである。そして彼を肉体として愛する。そこに時としてまちがいが生じてくるのである。彼を見るのに肉体として見るのである。自分を見るのに肉体としてみるのである。わが子を見るのに肉体としてみるのである。そしてそこに病気を見る。そこに不幸を見る。そこに困難を見る。そこに肉欲や情欲を見、その欲を満たしてやりたいと考える。これは相手を肉として愛するのであって「神の子」として愛するのではないのである。それは決して人間の実相を見ないのであって、人間は未《いま》だかつて、病まず、不幸にならず、苦痛をうけず、肉欲の欲望に支配されざる所のものなのである。

五

吾々の祈りがきかれない場合には、以上述べたようないろいろの原因が交錯《こうさく》しているのである。まず第一に注意すべきことは、自分を或いは自分の子供をその他すべての家族達を、神の子として霊としてみているかを反省してみるべきである。もし治らない恐怖心や、死の恐怖があるならば、それは人間を霊として見ていない証拠である。霊は病いもなく死もないからである。第二には、自分は誰か恨《うら》んでいないか、憎《にく》んでいないかということを反省して見ることである。時とすれば、もう記憶にも残らないほど誰かを憎んだままで赦《ゆる》していないでそのまま忘却していることもあるのである。できるだけ過去を記憶によびもどして、もし不調和な人があらばその人を赦して彼と和解する事である。憎むべき原因、色々の争い等は本来実相の世界には存在しないのであって、すべての人間は、皆善き人間ばかりなのである。従って憎《にく》み恨《うら》みという事は結局は根拠のないことだと悟って、すべてを赦《ゆる》してしまうことである。それには静かに坐して目をつぶり、目の中に相手の姿を思い浮かべその名前を数回となえて相手を呼びだすような気持になり、「私はあなたを赦しました、私はあなたを愛しています。もし私があやまってあなたに気に入らないことをしていましたならどうぞお赦し下さいませ。あなたと私とは神の愛の中に渾然《こんぜん》と融《と》けこんで互に一体でございます。」というような言葉を心の中で幾回もくりかえし、二十分乃至《ないし》三十分間その思念に精神を集中し心の世界で相手と和解するのである。第三には吾々は業《ごう》の観念から解放されなければならないのである。過去に何か誤った業をおかしてその報《むく》いをうけなければならないというような罪の観念を捨ててしまうことが必要である。多くの不幸病気災難等は自己処罰《しょばつ》の観念の具象化して現れている事が多いのだから、自己処罰の観念を捨てなければならないのである。そのためには瞑目《めいもく》合掌神想観して「神の光吾に流れ入り給うてすべての過去の罪と業とを浄《きよ》め給うたのである。今吾は完全に洗い浄められて、本来罪なき所の円満完全清浄《しょうじょう》無垢《むく》なる神の子に生れ変ったのである。もう自分は如何《いか》なる罪の束縛《そくばく》も業の束縛をも受けることはないのであって、自分は自由自在である」というような言葉を心の中にくりかえし念ずることが必要である。

六

吾々は我欲的目的や、罪の観念や、恐怖心や、神のつくり給うたこの世界に何か不完全があるというような疑い心で神に祈ったからといって、神はその祈りに答えたまうわけはないのである。神は泣き附《つ》き、懇請《こんせい》することによって動かされ給うようなセンチメンタルな存在ではないのである。神が祈りをきき給うのはやはり法則によってきかれるのである。吾々は自然界の法則を知ると共に心の世界の法則をも知らなければならないのである。自分の心の中に自己処罰を要請《ようせい》するような心がありながら、ただ表面の心で「神よ吾を癒やしたまえ」と祈って見た所でそれが実現するということは不可能であるといわなければならないのである。又神のみ心に反するような我欲的目的を適《かな》えしめたまえと祈ってみた所が、やはり心の法則にかなわないのである。又神は光であるから暗い恐怖や憎み恨みの心をもって、「神よ何々を与えしめ給え」と祈っても、かかる暗い心は、神の光の波長に合わないから与えられないのである。

吾々は暗黒の中にも実相の光を見る目を開かなければならないのである。吾々は夜がきたといって太陽がなくなったと思ってはならないのである。「太陽」は依然として煌々《こうこう》と輝いているのである。その如く吾々の「健康」をも見なければならないのである。今「病気」が現れているからといって自分に「健康な生命」がないのではないのである。「現象」の姿に惑わされず「実相」を見ることが必要である。もっとも尊敬すべき正しき神を信ずるような人が遂《つい》にその祈りがきかれずして死したるというが如き場合に面してその祈りがきかれないと思ってはならないのである。神は生命の神であって、死の神ではない。死したると見える所の遺骸《いがい》は実は彼ではないのであって、彼の使っていた所の現世に生活するための「道具」にすぎないのである。彼はすでに霊として復活しているのである。否《いな》すでに始めから死んでいないのである。祈りは必ずきかれるのである。肉体の革袋《かわぶくろ》を脱いだ霊は、実相を悟らないままで放っておいては、彼は依然として、霊そのものが迷いのために、病気の状態の妄想《もうそう》を継続している悩みの状態を続けているが、吾々が彼のために真に神に祈って、神の造り給うた神の子の人間は如何なる不幸も病いも存在しないのであるということを真に彼に自覚せしむるならば、彼はその刹那《せつな》よりその悩みの状態を脱却《だつきやく》して、霊界に於て完全円満なる神の子の健康さを発揮しているのである。

（昭和二四年六月）

天国浄土を顕現するには

人生の幸福の秘訣《ひけつ》はどこにあろうか。人生を幸福にする秘訣は天地一切のものと和解することにあるのである。和解こそ生命を生かすものであり、闘争と軋轢《あつれき》とは生命を殺すものである。天国と地獄との相異は結局和解と軋轢との相異であるということができるのである。軋轢のある所そこに必ず地獄を生ずるのであって、和解ある所にのみ天国は生ずるのである。

地獄とは結局和解なき所に生じた行きづまりであって、結局方向転換せざるを得なくなるための過程であるということができるのである。

では、何に和解し、誰に和解すべきであろうか。

和解は、誰に又は何に和解するかの問題ではないのである。それは自分自身の問題であるのである。天国も地獄も外にあるのではなくして、自分の中にあるのである。自分がどの程度まで無我になり得るかによって、その人の環境にどの程度の極楽を生じ、どの程度の地獄を生ずるかの差別を生ずるのである。

和解が、外の世界にある様に思っている限りは決して、その人は和解し得ないのであって、自分が完全に「無我」になった時にのみ、我々は天地一切のものに和解する事ができるのである。

ある人はいう、自分は始終外界の凡《あら》ゆるものに和解せんと努《つと》めて来たが、それでも決して幸福は得られなかったと。又ある人はいう、自分は他の人の希望にどんな場合にもすなおに和解してそれを入れるように努《つと》めて来たけれども、しかし決して幸福は得られなかったと。

これに対して私は答えよう。もしそれがあなたの体験であるならば、あなたは本当にまだ和解していなかったのである。「七つの灯台の点灯者の神示」にも「こらえあっているのでは本当の和解は成立せぬ」と示されているのである。喜んで自己の心を無我であらしめるのでなければ、本当の和解ではないのである。他の人から強いられて止むを得ずこらえこらえ、それに従って争わないだけでは和解ではないのである。争いを避けんがために自分の意見を主張しないというだけでは決して和解ということはできないのである。自分の意志に反して他の人のいう通りに素直に従いさえすれば、和解だというようなそんな生やさしいものでは「真の和解」はないのである。

和解とは無我になることである。自分の希望がないのである。自分と他とが相《あい》対立して儼存《げんそん》している限りはそこに対立抗争が生ずる外はないのである。かくの如き心境に於ていくら和解に努めてみた所が自分の環境を地獄から天国に変ずることはできないのである。

真の天国は「自分がなくなる」所から生ずるのである。自分がなくなり、ただ仏性《ぶっしょう》のみが現れるのである。自分と仏性とが対立しているのでは駄目である。仏性と「自分」とが対立していてその間に紙一枚でも存在するようなことでは真の天国も心の平和も来たるものではないのである。その紙一枚が消滅してしまって、「自分」というものが零《ゼロ》とか仏性そのものになってしまった時にのみ、仏の世界がそこに実現し、天国浄土がそこに現れて来るのである。

仏性が現れる所にのみ天国があり浄土がある。

天国といい浄土というのは、結局仏性の空間的展開にすぎないのである。

仏教でいう「仏性」をキリスト教では「内に宿るキリスト」というのである。だからイエスは「天国は汝《なんじ》の内にあり」といったのである。イエスは又「吾《われ》汝らに吾《わ》が平和を与う」といったのは、結局「吾行きて汝に来たるなり」ということに照合してみるとき「キリストの霊」が人の中に宿ってそこに吾々の真の平和が得られるということを教えたのである。この「キリストの霊」こそが吾々の中に宿る所の仏性である。仏性の発現する所に天国は顕現《けんげん》し、浄土は湧出《ゆうしゅつ》する。然《しか》らば、仏性を発現せんがためには如何《いか》にすべきであろうか。それは「ニセモノの自分」がなくなることである。即ち無我になることによってである。

キリストが磔《はり》つけになった時、盗賊《とうぞく》が、キリストに対して「汝が天国に行く時、吾を覚え給え」といった。その時、キリストは「今日、汝は吾と共に天国にあらん」と答えたということである。これは盗賊のキリストに対しての無条件降服を示すものであるのである。キリストに無我になって無条件に降服した時、そこに始めて天国浄土が開かれるのである。自己に宿る仏性の前に無条件に降服せずして、我が物顔してのさばっている所の「ニセモノの自分」は畢竟《ひっきょう》「真の我」を僭称《せんしょう》する所の盗賊であるのである。盗賊が我物顔《わがものがお》して自己自身を占領している限りに於ては、決して平和も幸福も来たらないのである。「ニセモノの自分」がいくら我慢して忍従や和解を装ってみた所が、そんな所からは決して真の天国も真の浄土も生れるものではないのである。

自己に宿るキリスト、又は仏性が現れない限りは、何人《なんぴと》も、如何に努力しようとも自分の環境に天国浄土が現れようがないのである。ある人は凡《あら》ゆる方法を尽して自己の周囲に平和なる天国的環境を作ろうとする。しかし彼は失敗するのである。彼は神の国を、ここに求め彼処《かしこ》に求める。しかしイエスのいったように「神の国はここに見よ彼処に見よというが如くには存在しない」のである。彼は色々の宗教を追求して巡礼する。彼はできるだけのことをやってみる。しかし天国も浄土も決して出て来《こ》ないのである。彼は断食《だんじき》したり水行《すいぎょう》したりしてみるけれども彼の心の中には、罪の悩みは消えないのである。彼は悩み苦しむ。しかしその悩み苦しみからは何もよき結果は出て来ないのである。彼はただこらえて苦行をしているだけである。「そのまま受ける」の「そのまま」がないのである。争いながら、戦いながら、抗《こう》しながら、こらえこらえて苦しみを受けているのである。かくの如き状態では仏性は決して現れて来ないのである。苦行を重ね、苦闘を重ねる毎《ごと》に一層強くなるのは、「自我」であり、「自我愛」である。この種の苦行は結局仏性を覆《おお》うていた所の「ニセモノの自我」を鍛錬《たんれん》するだけであって、「自我」がなくなるのではないのである。

もし我等が人生の経験に於て色々の苦しみを受けながら、受難を超え、苦闘を閲《けみ》しながら何ら心境に天国浄土の状態を招来《しょうらい》する事ができないならば、それは結局今迄戦って来たのは「自我」で闘って来たにすぎないのであって、自己の内にある仏性を、キリストを出して来なかったからである。忍耐や忍従では決して仏性は現れて来ないのである。忍耐し忍従する所の「自分」というものがなくならない限り、仏性は現れて来ないのである。それまでの苦しみは結局「自我」を守るための苦しみであり戦いであったのであるから、「自己に宿るキリスト」の現れようがないのである。「自我」を守ったり、「自分」がよくなる事を願ったりする為の「いやいやながら従う忍従」では結局自我が消滅していないのであるから、天国浄土の源泉《げんせん》である仏性又は「内在のキリスト」の生れて来ようはないのである。

個別的自我は結局迷妄であり、それをのさばらしたり守ったりしている間は決して真の心の幸福、心の平和は得られないのである。個々別々に対立せる自我は結局、対立者であるが故に、個々別々に行動せんとし必ず衝突を生じ争いを生ずるものなのである。自我は決して「全体の生命」(神)の定めたる法則に従おうとしないのである。従ってかくの如き自我をどこどこまでも肯定しようとする限り、摩擦《まさつ》を生じ抵抗を生じ天国浄土を現出することはできないのである。ここに今天国浄土を実現せんとするには、キリストが自分の内に再臨《さいりん》して来て自分を完全に占領し、自分がこのキリストの前に無条件降服する外はないのである。

個々別々の自我が対立して、各々思い思いの行動をとっている限り、ストーヴは勝手に燃え、我々の指先は勝手に動いてストーヴに衝突し、そこに火傷《やけど》を生ずる外《ほか》道はないのである。かくの如く愚《おろ》かなる摩擦衝突をさけるためには、ストーヴと指先とが別々の存在として別行動をとることを止めて、ストーヴをしてストーヴたらしめ、人間をして人間たらしめている所の「唯一つの法則」（神）に無条件降服してその法則に無我になって従わなければならないのである。

宇宙は唯一の生命によって支配されているのである。宇宙全体が唯一つの生命であって、ばらばらの個生命はないのである。それは恰《あたか》も、六十兆の細胞がばらばらに存在するかの如く見えても、実は各々の細胞がばらばらに行動しているのではなく、唯一つの生命の意志に喜んで従って何ら摩擦や抗争がないときに、人間が真に幸福な健康感が得られると同じように、我々も複数の自我が数多く分れているかの如く見えながらも、実は自分の「自我」を持たず、全体の「大いなる自我」に支配され喜んで、自我を無条件降服せしめた時にのみ、人間は真の平和と幸福とを見出し得るのである。

そのまますなおに他の要求に対して無条件に従おうとも、もしそれが「苦痛をのがれる最良の方法」として考えられて行なわれたり、その方が何か得になると思うことによって、それが行なわれるのであるならば、真の「無我」ではないのである。それは「自我」を保護するための一つの方便にすぎないのである。もし「自我」が滅しないならばいつまでたってもその人の世界から苦痛は消滅しないのである。凡ゆる苦痛の源泉は、自我と自我愛とにあるのである。我々が神の国を今ここに生活せんがためには新たに生れ変らなければならないのである。「人新たに生れずば神の国をみること能《あた》わず」とイエスがいったのはこのためである。自分とキリストとが置きかわり、自我と仏性とが置きかわり、自分がなくなり、仏性独在、キリスト独在とならなければならないのである。

自我の意志は結局自己自身の拡張、増大、利益のみを追求せんとするものであるから、我々が「自我」を滅して全体の生命に喜んで従おうとしない限りは、決してこの世界に全体としての平和と幸福とは出現しないのである。しかも吾々は全体の一部分であるから、全体の幸福が確保せられない限りは、個々別々の人間の幸福も確保せられることはないのである。世界には唯一つの生命があり、唯一つの心のみがあるのである。この唯一つの生命、唯一つの心を神というのであって、吾々が自我を滅してこの唯一つの神に奉仕する心になりきらない限りは、癌細胞いよいよ旺《さか》んに発育して全身の細胞いよいよ苦しむという結果になる外はないのである。個人精神は、結局どこまでも自我を守ろうとする要求を有するのであり、然《しか》もそれは結局「全体の幸福」の上からいえば対蹠的《たいせきてき》に反対に導くことになるのである。

いやしくも自我を主張する自己意志を追求せんとする限り、内在の仏性又はキリストは現れて来ないのであり、内在の仏性又はキリストの顕現である所の天国浄土も決して実現しないのである。利己主義者は自己の意志のみを尊重し、自己満足を極端にまで遂行しようとするものである。しかも彼は常に自分の幸福感又は快楽のみを追求して他の人の不幸又は苦痛を考慮しないのである。それは癌の如く自分のみが増大しようとして全体の生命の不幸を招来《しょうらい》することに気がつかないのである。だから利己主義者は却《かえ》って幸福を追求しながら結局真の幸福を獲得することができないのである。

真の幸福は仏性が出現せる世界、キリストの顕現せる世界にのみ現れるのである。我々は結局、キリストに対し、仏性に対し、自分自身の城を明け渡した時にのみ真の幸福は来たるのである。

受苦は必ずしも人間に幸福を来たさないのである。それは決して魂を磨《みが》くのでもないのである。苦痛は概《おおむ》ね、自我と自我との戦いにすぎないのである。そして勝った方も敗けた方も、共に自我が傷つき倒れながら、その自我の傷痕《きずあと》がいよいよ肥厚《ひこう》して自我はかたくなるばかりである。かくの如き苦痛の体験は人生に何ら意義なきことである。真に苦痛が人生に役立つのは苦痛の根源であるものが「自我」であることを悟り、「自我」を滅却《めつきやく》してキリストにまで無条件に降服せんとする努力に於ける苦痛のみである。キリストの肉を十字架につけた磔《はり》つけは結局この自我の滅殺《めつさつ》と真の仏性及び内在のキリストの復活を現すのである。ここにのみ真の天国浄土は出現するのである。

（昭和二四年八月）

脚下照顧

有難うございます、有難うございます、神様有難うございます。と感謝しても、おかげの有難さだけに神を拝《おが》む心が、自分の拝む心の本心であっては、本当は、神を拝むことは出来ていないのである。本心は知らないが、それは物質の喜びにひきすえられている心であって、神の光を神の光の様に正しく拝むことは出来ていない心である。拝む心の光によって、人は、はじめて生きて立つのであるが、しかし、この様に拝む心は、生命《いのち》立つ拝み心ではない。信仰の言葉を用《もち》いてはいても、信仰以前の心であって、神の生命にはとどき得ない心である。神は霊なれば、霊とまことをもて拝すべきなりと、申された、イエス・キリストの心には遠い拝み心である。楽になれたありがたい、と拝みながらも、未《いま》だ、本当には生命《いのち》の自由を、とりもどせていない心である。現象は自由でも、生命のもつ本当の自由は解らない心である。

功徳《くどく》によって神に対する者は、神を知ることの出来ない者である。神は、一切功徳の源泉であり、無功徳即《そく》一切功徳に神を拝む心が、正しく神を拝めた心である。常今《つねいま》に、そして、常に此処《ここ》に神を拝めた心がある。

なにものにもよらず、神を其《そ》の儘《まま》、生命《いのち》の生命《いのち》として拝む心、生命《いのち》の生命《いのち》として、己《おのれ》を帰命《きみよう》し蘇生《そせい》する様に拝む心が、本当に神を拝むことの出来る心である。これは、罪の子とみる肉体人間にあっては、永遠に立つことの無い拝み心である。かかる拝み心は、神の御心に宿り給うところの拝み心であり、神の子の生命に生きる拝み心である。神想観に生れる拝み心である。イエス・キリストも申された様に「罪の価《あたい》は死なり」であり、肉体人間の背負っているものは蘇《よみがえ》りではなくして死の虜《とりこ》である。肉の子も、この神想観に立って、神の子となるの光を受けるのである。肉が本来の無に帰して、内奥《ないおう》の生命《いのち》が今此処に立つのである。そして、此《こ》の儘《まま》一切功徳の世界に開眼《かいがん》するのである。

おかげは神の御徳《おんとく》の輝きであり、本当にあるものの具現であるから、おかげの価値を否定することは、神の御徳に背をむけ、神の御光《みひかり》を覆《おお》う罪をおかすことである。現世利益か、おかげ信心かと単純にこんな言葉を出すことはつつしまなければならない。おかげを相対的にみて、価値の優劣をおくこともよくないことである。もっと、神の子そのまま端的《たんてき》でありたい。おかげの世界をどうみるか、どう取り扱うかは、信仰生活で非常に重大なことなのである。此処の取り扱いが色々くずれて、信仰生活は、その輝きと権威を失って行ったのである。

おかげを求める心は無理もない心である。それは、神様の御光《みひかり》を求める心である。神様の御光を求める心が、現象に屈折し、現象に反射しているのである。しかし、其《そ》処《こ》でとどまってしまっては、何の価値もないのである。その心を生長させて、功徳を超えて神そのものを、現象を超えて実相を拝む心になりきるのである。そしてこの心のまにまに一切功徳の世界を拝むのである。おかげの尊さを拝むのである。光源と光線の様に不二《ふじ》一体に拝むのである。

神想観は大信心である。光明の信心である。無礙《むげ》の信心である。常楽の信心である。不壊《ふえ》の信心である。金剛《こんごう》の信心である。スミキリの信心である。自然法爾《じねんほうに》の信心である。生死即《しょうじ》涅槃《ねはん》の信心である。一切三昧《さんまい》の信心である。朝《あした》に神想観、夕《ゆうべ》に神想観、形を放ち現象を超え、其《そ》の儘《まま》素直に念々神想観。聖典を拝誦《はいじゅ》し、其の儘素直に念々神想観。朝に神想観、夕に神想観。念々に神の御徳を、神の子の生命《いのち》が礼拝恭敬《くぎょう》すれば、此処は常楽の天地、今は久遠の今。この身は神の子、光明三昧。念々は久遠を宿し、はるかなり、はるかなり、白雲万里。無限次元の至極の天地、朝に神想観、夕に神想観、念々神想観。礼拝帰命《らいはいきみよう》、帰命発心《きみようほつしん》、念々神想観。今此処に立ってひらく行歩《ぎようほ》の一歩。招神歌《しようしんか》よりのこの一歩。

此処《ここ》に生命《いのち》を見出し、此処に住家《すみか》を見出し、本当の生活が本性《ほんせい》自然のままに素直な足どりで出発する。

生命《いのち》が奪われている様な、生命《いのち》の息が断たれている様な不安で、貴方《あなた》の生命《いのち》が休むことすら出来なかったと云うことが、又、働きの一片一片が切々に生きるばかりで、貴方の存在そのものが、生きることなく、立てられることなく、流れに浮かぶ生命《いのち》なき水草の様なはかなさの中《うち》で、致命的なこの苦悩に息の根もこおる日がつづいたと云うことも、それ故にその生活を火にくべ水に流して、自分で亡くしてしまいたい悩みが胸奥《きようおう》からはなれなかったと云うことも、此処まで来てみれば、貴方にとってはなくてはならない大きな恩恵と祝福の光を与えていてくれたのである。

さもなければ、貴方は、天のことを知らずして地に縛《ばく》せられ、三世流転《さんぜるてん》のはかない生活を自分の一生として、意義の無い無価値な物質の俘虜《ふりよ》となり、その相対価値の変化に一喜一憂し、是《ぜ》となし非《ひ》となし、或いは泣き或いは笑い、イエス・キリストがソロモンの栄華と指摘したその栄華の変化の様な生活に窒息《ちっそく》していなければならない、一個の肉塊《にくかい》にすぎなかったのである。全ては天の使《つかい》の有難さの中《うち》にあったのである。全ては貴方の心の映像であったのであり、その映像を貫いて神の無限の光明が輝いていたのである。貴方は感謝しなければならない。至心《ししん》の感謝を捧げなければならない。神想観よりの感謝を捧げなければならない。暗《やみ》にも光の輝いているこの世であったのである。

反対する心は、物事をたてる心ではなくして、物事をこわす心である。反対する心が、その人の平常心であっては、何事も立てられない。立てられない心が、自分の心であっては、自分の生活が成立たない。賛成する心が、物事を立てる心である。この心が自分の心であって、はじめて、自分の生活が立つのである。しかし、賛成すると云っても、何に賛成するか、これが判然としなければならない。これが判然としなければ、賛成してはならないものに賛成して、立つには立っても、価値の無いものが立つのである。これでは、本当には何も立ってはいないのである。現象は立っても実相は立っていないのである。その現象は迷妄の影である。神の子に賛成するのである。実相を拝むのである。神の子の実相を拝んで賛成し、その生命《いのち》の現れをみて賛成して、反対しなければならないものが消えて行くのである。神の子が神の子に対している生活であり、暗黒面をみないで光明面をみる生活である。みんな仲良くなって、よいところをみて感謝し喜び合う生活である。暗《やみ》の無は光が光を発することによってのみ証明することが出来るのである様に、この生命《いのち》を立てて、はじめて、反対しなければならない不完全な現象が消えて、完全な実相が顕現するのである。善悪にひっかかり、善悪に転ぜられている心は神から来た心ではない。神の無であり、空《むな》しい心であって、何の益も無い。だから、如何《いか》なる理由があろうとも、現象にひっかかり、現象に転ぜられていることは、その心自身が迷いであって、意義が無い。悪にひっかかり、悪に転ぜられていることは、そのこと自身その心自身が悪であって、決して善ではない。こんな心を超えて、人間神の子の光明遍照《こうみょうへんじょう》、完全円満を信じ、この信を行《ぎょう》に展開する生活が道がすすむ生活である。太陽が照るに非《あら》ざれば、太陽の光は顕現しないのである。道がすすんで、はじめて、道がひらくのである。光が顕《あらわ》れなければ暗は消えない。道がひらかなければ非道《ひどう》は消えない。聖経『甘露の法雨』には、この間の消息《しょうそく》を、

「仮相《かりのすがた》は永遠に仮相《かそう》にして実在となることを得ず。……実在にあらざる物を実在せるが如く扱うこと勿《なか》れ。実在にあらざる物には実在をもって相対《あいたい》せよ。……非実在を滅するものは実在のほかに在らざるなり。……」と説示されている。そして又、「神はすべてなるが故に神は罪を作らざるが故に神のほかに造り主なきが故に此の世界に犯されたる罪もなく報いらるべき罪もなきことを教えよ。」と示されている。この生活の歩みぶりを素直に生きるのが、この世に神を生かし、完全を生かす神の子の生活である。不完全が消え、反対しなければならないものが、なくなって行く本当の道である。

求める心に値打ちがあるのは、神に感謝する心があって、神の生命《いのち》を生きずにはおられない心があって、はじめて値打ちがあるのである。神に感謝する心は、神の生命《いのち》を今此処に現さずにはおられない生命《いのち》が生きて、はじめて、生きた感謝である。報恩の生命《いのち》の躍動している感謝と云うことである。これがなければ、感謝も空しいことになる。この様に神に感謝し、この生命《いのち》に神よりの希望と願いの光を感じてこそ神の子の生活である。そして、この生命《いのち》をひたすら生きずにはおられない心、御心《みこころ》にたがわない様に、より深くより切に生きずにはおられない心、この心より発して真理を深く切に求める心は、純な心であり、素直な心であり、そして又、神の子としてなければならない心である。神に祝福されて、より深くより切にきわみ入り、花咲き実《み》のり現れて行く心である。神に感謝し、神の子であることを喜び、神の生命《いのち》を今此処に生きる心が立たなければ、全ては空しいものとなる。「求めよさらば与えられん、叩けよさらばひらかれん。」とイエス・キリストの申された、そのまま神に祝福される求める心はこんな心である。求める心に値打ちがあると云った「求める心」はこんな心である。祈りがかない、願いの成就するのは、こんな心である。神想観にあって感謝しなければならない。そして、そのまま今を生かさなければならない。

神想観の世界は超時間超空間の世界であり、神想観の祈りは絶対である。我《われ》が彼の為に祈るのも、我から彼へと云う様に、時空の距《へだ》りのある彼我相対《ひがそうたい》の関係ではない。我と彼とはそのままひとつであり、祈る我と祈られる彼とは、そのままひとつのこの祈りである。この祈りは絶対であり、スミキリであり、渾《すべ》ての渾ての光である。スルとラレル、能詮所詮《のうせんしょせん》のすみきりである。ハジメの生命《いのち》であり、無指にして立つ指である。神の生命《いのち》のそのままであり、全大宇宙である。神想観に立って、全大宇宙と即一の生命《いのち》、神の子の生命《いのち》が、立ったのである。神想観の外《ほか》は無いのである。祈りがそのまま実のりである。言霊《コトバ》がそのまま実体である。時間を要せず、空間にかかわらない。直《ただ》ちにであり、原因が結果である世界である。祈る時汝等《なんじら》既にこれを受けたりと信ぜよ、とのイエス・キリストの言葉は、生命が渾《すべ》ての渾てであり、祈りは、息で宣《の》べる、生命《いのち》の延長であり、祈りがそのまま「実のり」である。この間《かん》の消息に立って、第一義真理の声を立てられたのであり、只単《ただ》に、その様に信じなければ結果が得られないからとて説いたものではない。それは、心の法則による自然の結果である。この結果が得られるのも、神に没入した生命《いのち》が立って、この消息が生きてこそであって、この消息が生きなければ、この結果は得られない。結果が得られても現象の収穫であって、神が、真理が、生命《いのち》そのものが得られていない。

肉の子は一度神想観に消没《しょうぼつ》しなければならない。其処《そこ》に本当の自分、神の子の自分の出発がある。神の子は神想観より出発するのである。誕生するのである。さきはえるのである。初発心《しょほっしん》が神想観でなければならない。初発心とはハジメにある生命である。初発心に神想観がなければ、その初発心は本当の初発心ではない。初発心とは、この世のはじめにある生命であり、根源実体であり、根源実体そのものの発現である。初発心のそのままが神想観である。常に今を初発心として、其処に神想観の生命が生きていなければならない。これによって、神の子の生命が今の生命となり、あるものとなるものとがひとつのものとなり、久遠即今《くおんそくいま》である。「今」を基点として「久遠」の生きる日々である。此処《ここ》より出発しなければ、神の子の行ずる行ではない、真行《しんぎょう》に非《あら》ず、大行《だいぎょう》に非ず、絶対行ではない。私という虚仮不実《こけふじつ》の者が真行の形相《ぎょうそう》を現象しているにすぎない。初発心を至心《ししん》に神想観を礼拝し、神想観に端坐するのである。観《み》るものと観られるものとは其《そ》の儘《まま》ひとつ、神の生命《いのち》が神の生命《いのち》を観ずるのが神想観である。神の生命唯独《いのちただひと》り輝き渡る絶対境である。スミキリであり、スベテである。彼があり、我があり、そのままに彼と我とはひとつのすみきりである。絶対境へのすみきりである。大生命へのすみきりである。そして、すべての生ききりである。花咲くすべての生ききりである。鳥啼《な》くすべての生ききりである。個即《そく》全、全即個、相即相入《そうそくそうにゅう》重々無礙《むげ》。この生命《いのち》の発現が神想観である。

日々是《これ》好日の多祥《たしょう》。神想観即生命《いのち》、生命《いのち》即神想観の神の子の日々は、日々是好日である。常楽が実相であり、神の世界であり、その端的が神想観である故にである。基督洗足《キリストせんそく》――趙州洗鉢《じょうしゅうせんぱつ》の生命今此処に立ちて歩む。これが、神想観の生命《いのち》此処に立ちて歩む姿である。現象即実相、神一元、光明一元、娑婆《しゃば》即浄土、只今《ただいま》が、この日々が、久遠常在常楽の日々であり、神の生命の端的である。悪無く、悪と見る善も無く、只、生命のすみきり、清浄《しょうじょう》の天地。実相を観ずる歌をかなでるこの世界。生死として厭《いと》うべきも無く、涅槃《ねはん》として願うべきも無く、生死即涅槃にして、大法輪《だいほうりん》独《ひと》り悠久《ゆうきゅう》の円融道環《えんゆうどうかん》を持続するこの天地である。

生命は現象を超えているものであるから、今の心が現象に執住《しゅうじゅう》して現象を超えられていなければ、今、その生命《いのち》は生命《いのち》ではない。影法師であり、生命《いのち》に裏づけされていない。生命《いのち》から遠く離れている現象である。現象を超えて十字の中心に帰命《きみょう》しなければならない。この光が神想観である。その時、その生命は神の子の端的である。

『和』が大切である。平和が、調和が大切である。『和』が生きて、この世は地上天国であり、光明楽土である。『和』は何処《どこ》からどの様にして、この世にあらしめられるのであろうか。『和』の本体は、この世を超えて、神の御生命《みいのち》に生きているのである。神の御生命の生き給う輝きが『和』である。聖経『甘露の法雨』にも、「神があらわるれば乃《すなわ》ち善となり、義となり、慈悲となり、調和おのずから備わり」と説示されている。神の御生命が生きて進むのが『和』である。神の子の足どりで生きて歩むのが『和』である。神の生命でなければ『和』を生み出す権威がない。光がない。力がない。

喜怒哀楽未《いま》だ発せざるを中《ちゅう》と云う。この「中」が神の生命である。「発して節《せつ》に当るこれを和と云う」発して節に当るが、丁度よく人時処三相応《じんじしょさんそうおう》に的《まと》を射《い》たのであり、このことが、善となり、義となり、慈悲となり、調和おのずから備わりと実を結ぶのである。『和』は相《そう》ではない。相は現れであり、発して節に当る、その生命が、『和』そのものである。相を放ち切り、一切を悉《ことごと》く放ち切って、神の生命に没入するところに、自然法爾《じねんほうに》に生きて生じてくるのが『和』である。現象を超えるところに余りがあり、放ち切らずして自分の心に止《とど》まる者は『和』を生きることが出来ない。神の御言《み》葉には、其《そ》の儘《まま》素直に『ハイ』と立つのが信仰生活である。「七つの灯台の点灯者の神示」——汝ら天地一切のものと和解せよ。この『和』の御心に其の儘素直に随順《ずいじゅん》して、光明楽土が来るのである。生命が生きるのである。丁度よくなるのである。人時処三相応である。善となり、義となり、慈悲となる、その相《そう》に躓《つまず》かず、『和』の生命《いのち》を、感謝の心を素通《すどお》すのである。『和』の生命《いのち》は感謝である。現象を超えて実相を拝み、そのまま素直に感謝するのである。神想観より出発するのである。神想観に無礙《むげ》の光をくむのである。金剛《こんごう》の信を立てるのである。

（昭和二四年一一～一二月）

現象を超えて生きる生活価値の中心点について

人間は何を行なってもどんな生活をしても、生命がこめられたならば幸福な感じがするものである。それとは反対に、何を行なってどんな生活をしても、生命がこもらなかったならば決して幸福な感じはしないものである。此処《ここ》に人間生活の幸不幸を決定する根本の光があるのである。この光をはっきりと自分のものとし、この光を赤々とかかげた生きようが出来る様になるまでは、どの様な様相の生活をしても、決して幸福と云うものがどんなものであるかを知ることは出来ないのである。たとい、王侯貴族の様な生活をしても、何の屈託もない風流三昧の生活をしても、身を粉にして突き進む様なはりつめた生活をしても、決して生きがいとか幸福とか云うものの本音《ほんね》のところは味わうことは出来無いのである。生命がこもると云うのは、この様なただこれだけの生活ではないのである。完全な生命と云うものは、はりつめているものでもなければ、のびのびとひろがっているものでもない、ただそれだけのものではない、もっと渾《すべ》ての渾てであり、もっとすみきっているものである。これが生命の生命であり、神の生命である。

自分のすることに生命がこもり、自分の生活に生命がこもるには先《ま》ず、自分に生命がこもらなければならないのである。自分に生命がこもればよいのである。自分に生命がこもるには、先ず自分の生命が目をさまさなければならないのである。神様のおっしゃるところに、真理のみるところに、目をさまさなければならないのである。これより外《ほか》には、自分に生命がこもり、自分のなすところに生命がこもり、自分の生活に生命がこもる道はないのである。此処《ここ》が本当に出来て、何もかにも光明が照射《しょうしゃ》して、幸福になるのであり、此処が晦《くら》まされては、何もかにも光がこもらないのである。何をしても何処《どこ》に居ても、ものたらなくて空虚なのである。心が病んで悩みが多いのである。そして、その悩みに晦まされて、ますますあらぬ方《ほう》に幸福を求め、ますます人生を味気《あじけ》ないものに堕《おと》しているのである。これが、この世の多くの人の幸福を求める心の態度である。これが明智《めいち》をとざして本当のところを見失った無明《むみょう》の流転《るてん》である。

物質があると思い、物質の変化によって幸不幸をきめ、相対関係の優劣にとどまって幸不幸をきめているような人となったならば、その人は絶えて生命のこもった生活をすることは出来無いのである。その人の生活は霜柱で浮き上った麦の様な生活である。絶えて本当の幸福を結ぶことは出来無いのである。流れに浮かんだ根無し草の様な生活である。

実相と現象の区別の混乱した心、物質を神の生命を観《み》る様に観、扱う様に扱えない心は心の亡骸《なきがら》である。本当の心ではない。幸福とは神様の御生命《みいのち》のかがやきである。水は冷たい様に火は温かい様に、神様の御生命は幸福なのである。現象を超えられないでは、神よ、神よ、と拝んでも本当には神は拝めていないのである。本当に神を拝めなかったならば、神の光とひとつになれた生命《いのち》ではない。神の光とひとつになれた生命《いのち》でなかったならば、それは本当の生命ではない。これでは生命のこもった生活をすることは出来無い。これでは、どの様な生活をしても、幸福な感じはしないのである。

現象を超えて今此処に、神の光を拝んで本当の自分が立ったのである。生ける魂の人となったのである。神様の御生命《みいのち》こそ自分の本当の生命《いのち》なのである。自分の生命は神を知らない自分の中《うち》にあるのではなく、神様の御生命《みいのち》の中《うち》にあるのであるから、現象を超え自分を捨てて神の生命を愛する心になり、その心こそ自分である様にならなければ、何をやっても、どんなに心を注いでやっても本当の自分は生きていないのであり、生命をこめた生活にはならないのである。今になりきらねば生命はこもらない。今になりきるには神の生命が生きて立つより外に道はないのである。神の生命が立たなければ、その生命はその生活は○○によってせしめられて○○の為に生きている生活であり、これが十二因縁仮縛《いんねんけばく》の生活であり、無明《むみょう》の流転である。これでは如何《いか》に努力をしても、今を生きる生活ではなく、生命のこもった生活ではない。現象に目をとじ、神に実相に目をひらく神想観が神の生命が生きて立つ道である。生命のこもる根元である。

イエス・キリストも「天国は此処《ここ》にみよ彼処《かしこ》にみよと云うようにあるのではない、お前達のうちにある」と申されている様に、自分自身の幸福は自分自身の生命の中《うち》に内在しているのであるから、生命のこもった生活、本当の生命のこもった生活、をすれば、其処《そこ》に幸福は輝くのである。天国は外から貰《もら》うのではないのであって、自分の天国は自分の中《うち》から出すのである。物質を超え三世《さんぜ》を超えて天国に入り天国に入って天国を出すのである。この一筋の道が神想観である。一《いっ》をもって渾《すべ》てを貫く道である一切の道が其《そ》の儘《まま》ひとつに輝く道である。

本当には私達は、外から受けると云うことは出来無いのである。一寸《いっすん》のへだたりも無限のへだたりであり、受けたと云っても入らないのである。この世は物のやりとりで現れている世界の様にみえるけれども、本当は、みんな内からひらいて現れている世界なのである。肉体も環境も吾が心の影とはこのことである。この真理にはずれては物質の世界は現れようはないのである。向うから来た様にみえても自分の中から出たものであるから、自分の生活にとどまり自分の手に入《い》るのである。みんな心の端的な象徴である。

心が浄まり、本当の生活が現れないでは、何がどの様になったとしても、本当には値打が無く価値創造も行なわれていないので、幸福な感じはしないのである。幸福とは神の御霊《みたま》のさきはえなのである。いと小さなことの中《うち》にも神の無限は宿るのである。神は、ありとしあらゆる一切のことごとに、己《おの》が渾《すべ》てを宿すのである。野に咲く一輪の花の、その花弁の一つにも、そして又、天地がめぐる無限宏大《こうだい》さの中《うち》にも。至小無《ししょうむ》内《ない》に生き、至大無外《しだいむがい》に生きるのが、超現象の神の生命である。重現無礙《じゅうげんむげ》の御生命《みいのち》である。

人間は何を行なっても、どんな生活をしても、神の御光《みひかり》のまにまに神の子の生活を歩んで行けば、底をわった様な限りない幸福な感じがするものである。

○

神が顕《あらわ》れることが尊いのであって、現象が整うことが尊いのではないのである。この言葉の語る生命が、正しく自分に立つことが大切である。神の生命としての本当の自分が生きて立つには、このことを知る事が大切である。このことを正しく了得《りょうとく》しなければ、一切の真理も、その人にとっては、今を照らす光とはならないのである。明日と云う日が現実に今此処《ここ》に来る事が無い様に、神の光が今を照らす光とはならないのである。これは神様の責任でもなければ誰の責任でもない。自分の無知の責任である。

神の本性が露呈《ろてい》したならば、神は渾《すべ》ての渾てなのである。神以外は無いのである。現象は無いのである。本来無いものは、本来有《あ》るものを生かす力とはならない。助ける力とはならない。本来有るものの生きる条件として、自己を主張することも出来ない。尊いも無く、尊くないも無い。一切無い。何も無い。語る足場にはならないのである。動く足場にもならないのである。このことを知らずに、此処《ここ》が晦《くら》まされ此処に停住して此処から出発する心は、どの様に真理の色彩を宿していても、虚仮《こけ》であり不実である。応無所住而生其心《おうむしょじゅうにしょうごしん》、この言葉の語る真理におくられて、真理の人となった古人もある。現象に停住し現象から出発してはならない。

神が顕れることが尊いのであって、現象が整うことが尊いのではない。現象は本来無いのであるから、整うも整わないもない、綺麗《きれい》も無く穢《きたな》いも無い、と知るのが本当の目ざめである。目ざめの中《うち》に正しい態度は生きるのである。酔眼朦朧《すいがんもうろう》としていたのでは、正しく坐ることすらも出来ないのである。無いものは心の対象とはならない。無いものを心の対象としてあるかの如く扱っているその心の本質は、やはり本来無い心である。顚倒妄想《てんどうもうぞう》である。神を語りつつも、神を拝しつつも、現象を現象として受け、物質を物質の観念の中《うち》で受けて、旧態依然《きゅうたいいぜん》としたままで、喜怒哀楽の心を動かしているのは、やはり顚倒妄想であって神の子の生活ではない。御蔭《おかげ》の現れる宗教では、神を祈り神を語りつつも現象に停住し、現象より出発して此処で神無き世界に顚落《てんらく》してしまう人がある。御蔭は神の恵みの現れで尊いものは有難いものではあるが、紙一重の相違がある。天下分け目の赤信号である。

現象が整ったから神が顕《あらわ》れたのではない。神が顕れて現象が整ったのである。本末を顚倒《てんとう》してはならない。順序を逆転してはならない。この根本自覚の純不純の差から、その人の起居動作《ききょどうさ》の一切に天地のへだたりを生じ、光明と暗黒のへだたりが生れる。今此処に生きる生命に、真と偽との相違が生ずる。

現象が整うのが尊いと思う人は、現象に住んでいる人である。

神が顕れるのが尊いと思う人は、神の世界に住んでいる人である。

神の世界は超現象の世界であり現象無の世界であるから、現象の世界にその魂が住んでいながら神の子であると云うことはあり得ないのである。此処《ここ》が晦《くら》まされたままで、自分を神の子と呼んでいる人があれば、一度出なおさなければならない。神の世界に住んでいる生命が今此処に生きてこそ、その人は神の子である。神の子の生命が生きていれば現象が成就するのであるが、しかし又現象が整っても生命が生きていることもあれば、反対に生命は生きていないこともある。現象の整い方は一応同じ相《すがた》に現れても、其処《そこ》に生きる生命の高さ広さには、数限り無い段階もある。神が生きることが尊いのであって、現象が整うことが尊いのではない。この生命の判然と立たない人は、生きると云う時に、なすと云う時に、現象が主となり神が従となり、神は現象成就の手段の如く方便《ほうべん》の如く扱われているものである。神は決して手段や方便となすべきものではなくして、かえって反対にそれを主として、一切をあげてその中《うち》に消没《しょうぼっ》し一切をして、そのままにあらしむべきものなのである。この様に生きてこそ、その人は、神の御霊《みたま》よりさきはえられた魂であり、神の子なのである。そして自然に神の生命の紋様《もんよう》を描いて、現象も成就するのである。神を主にしないで、神よりの喜びが立つわけがなし、神の子の生きがいが生きるわけがない。神を、手段や方便におとしている人の歩みの到着点が此処にある。日々にその実のりを刈り入れて、本当の天よりの祝福は知らず、現象に拉《らっ》し去られて喜びがうすいのであり、空虚で煩《わず》らわしいのである。

神を手段や方便に堕《だ》すことをしなかった生命の本当の輝きの偉大なる象徴が、あのイエス・キリストの十字架である。金色燦然《こんじきさんぜん》とこの真理をかかげているのがこの十字架である。十字架は、イエス・キリストにあっては、既に四十日四十夜の修行の野に於て、立っていたのである。悪魔との問答、そして、悪魔をはらったイエス・キリストのコトバを読む者は、誰《たれ》もこれを知ることが出来るであろう。イエス・キリストの全生涯が十字架そのものであったのである。十字架に生れ、十字架に生き、十字架に消えて行ったのである。誕生の神秘でかかげ、修行の姿でかかげ、人類救済説法の光でかかげ、十字架そのものの象徴でかかげ、十字架一元であったのである。これなればこそ、イエスは単にイエスならずしてイエス・キリストであったのであり、偉大なる真理の光明であったのである。十字架とは、宇宙そのもの、神そのものの象徴に外《ほか》ならない。

神が顕《あらわ》れることが尊いのであって、現象が整うことが尊いのではない。この言葉が自分の生命となり、自分の声となって、その人ははじめて現象を超えて神の子の生命のスミキリに帰するのである。そして、諸法に其《そ》の儘《まま》実相の輝きを宿すのである。

○

『神は渾《すべ》ての渾て』これが自分の渾ての念《おも》いとして祈れる様になるのが神想観である。生長の家の人間神の子の生活である。神、神と、如何《いか》に神を祈っても、神は愛なりと知って、如何に愛にうもれた生活をしても、『神は渾ての渾て』この真理に己《おのれ》の生命が澄み切って、一物の余すところなく無心にならなければ、それは本当の宗教生活ではないのである。本当の生長の家ではないのである。此処が一点晦《くら》まされる時、根元無体《むたい》を見失い、立っている様にはみえても、誠には中空《なかくう》なのである。

祈りごとが真理を生きる生活の中心なのである。ハジメにあるものなのである。この中心を中心とし、ハジメをハジメとしたのが素直と云うことである。素《もと》の其の儘が歪《ゆが》められずに直《なお》く出たのである。此処が素直になされなければ、本質に無理と歪《ゆが》みが澱《よど》む。本質に無理があり歪みがあったのでは、生命と云うものは立ちようがないのである。生命の立たないのが気枯《けが》れであり、気枯れれば、この世は、混乱の世界となり、ざわめきの世界となり、浮動する世界となるのである。

祈りごとが中心となり、ハジメとならなければならないのである。中心にあるものを中心に立て、ハジメにあるものをハジメに生かさねばならないのである。これが、生命の其の儘であり、自然である。そして、自然に法爾《ほうに》と展開して、はじめて一切のことに、真と光とが輝くのである。法爾の展開がなければ、一切は無明の流転に沈むのである。形骸《けいがい》となり、空しいものになり下るのである。

自力他力の問題が、何時《いつ》の時代にあっても重大な問題として登場して来るのも、真と偽《ぎ》が、あざなえる縄の如くにむすばれるのも、此等《これら》信仰上の問題が様々な相《すがた》のもとに実人生に登場して、生活を混乱させるのも、これはみな、法爾の生活が生きものとならないからである。本当の生命を本当に生かすところの宗教生活、この宗教生活の生命は、今此処に法爾の生命が立つことである。惟神《かんながら》と云い、御心の儘《まま》にと云うのもこのことである。南無阿弥陀仏の六字の名号《みょうごう》に帰命《きみょう》した親鸞聖人も、その生きるあり方は名号よりの自然法爾にであったのである。

此処が出来なければ、スミキリでもない、救いでもない、摂取《せっしゅ》でもない。信仰は何《なん》等《ら》実人生を照らす光ではない。語りつつ、拝しつつ永遠に結ばれることのない、神の光とこの身この世の生活である。此処を如何《いか》に得道《とくどう》するか。此処が信仰生活の根本の問題である。

○

世の多くの人は、自分に関することが自分の思う通りになれば自由で幸福で、自分の思う通りにならなければ、不幸で不自由であると思っている。そして、自分と云うものを固く握って、自分の思う通りにしようとする努力に知識を、経験を、財力を、その他一切のありとあらゆるものをあげて、懸命になって八面六臂《はちめんろっぴ》の努力をしているのである。自分と云うものが中心になり、自分の思う通りにと云う心が根底《こんてい》にひそんで、その材料の様に用いられていたのでは、どんなに尊いものでも、どんなに価値あるものでも、どんなに巧みなものでも、仏が行なうところの行事であっても、神の心が現れた時の行いであっても、何の値打ちもないのである。此処が晦《くら》まされていたならば、その人は、光の中を歩ゆんでいる様でも実際は暗《やみ》の中を歩ゆんでいるのであって永遠に本当の幸福を知ることは出来ないのである。自分が不幸なばかりでなく、尊い人の世を尊い営みをけがすのである。肉体に癌腫《がんしゅ》が出来た様にこまるのである。自分も到底生きては立てない運命なのである。手や技《わざ》の問題ではない。自分と云うものの土台が中味が入れかわらなければならないのである。

自分の思い通りになりさえすれば、それで自由であり、幸福な人生であるならば、この世は、肉体も環境も吾が心の影の世界であって、今現に自分の心の通りになっているのであり、この法則に外《はず》れてあるものは何ひとつないのであるから、この世になげきや悲しみが生じてくるわけがないのである。それなのに、なげきや悲しみが渦《うず》を巻いているのは、自分の思った通りになったならば幸福で、思った通りにならなければば不幸なのだと云う考えは矛盾《むじゅん》をふくんだ考えである。この考えを自分の考えとして、自分の人生に自由と幸福とを創《つく》って行こうとしている人は、羅針盤《らしんばん》のこわれた船で航海している様な生活である。海はないでいても危険がある様に、その人の人生には危険が多いのである。

イエス・キリストは、光豊かな幸福な生活をするには、今迄の自分、肉体の自分をいと小さなものとして十字架の光に滅《めっ》して、今此処《ここ》に神の光をかかげた生活をすすめているのである。

聖経『甘露の法雨』には、「神があらわるれば乃《すなわ》ち善となり、義となり、慈悲となり、調和おのずから備わり、一切の生物処《ところ》を得て争うものなく、相食《あいは》むものなく、病むものなく、苦しむものなく、乏しきものなし。」と申されているが、これが本当の幸福な生活である。自分の思った通りになって幸福なのではなく、神があらわれて幸福なのである。固くにぎってそれを生かそう生かそうとしていた自分を放下《ほうか》し、自分の思いがいれかわり、神のまにまに思いが生きて、神があらわれてはじめて人の世は幸福なのである。

思った通りになったならば幸福で、思った通りにならなければ不幸なのではない。

そうした境涯《きょうがい》を遥《はる》かに高く超脱して、今、神の生命は其《そ》の儘《まま》幸福なのである。人間の実相は神の子そのまま幸福なのである。此《こ》の儘《まま》幸福な神の子としての本当の自分を、空しい心で手垢《てあか》をつけず、此《こ》の儘《まま》幸福だと拝むのが神想観である。神の生命を拝むのである。幸福な自分が幸福な自分を拝むのである。そして、此の儘幸福だと思えて、心の思う通りに成って幸福になるのである。生命が生命に目ざめて、この世に生命の華《はな》が咲くのである。これが幸福である。みたまのさきはえ、であり、みたまのふゆ、である。これが本当の幸福を生きる為に先ずはじめにかかげなければならないのである。

神の独《ひと》り子の恵みの中に生かされている神の子の自分を拝むことをしない心には、やりきれない空虚があり、ざわめきがあり、光と安定とが遠くはなれている。そして、その心の寂しさから、自分の思った通りにされて、自分の心が満たされたならば幸福だろうと思って、幸福を創《つ》くろうと努力するのである。この人は、思った通りになる迄は幸福ではないのである。今は空虚なのである。今は空虚で未来に幸福を描いているのである。真理をきかない多くの人は、この様に、空虚な心の自分が時間の流れの中で幸福を得ようとするのであるが、時間空間の世界は心の展開した世界であるから、今の心の中にないものを、時間の流れの中で空間の何処《どこ》かでやがて手に入れると云うことは出来ないのである。空虚な心は時空の世界に空虚な実を結ぶのである。

私達は五官の感覚では時間空間の中で何かを手に入れる様にみえるけれども、本当は時間の中で空間の中で何かを手に入れると云うことは出来ないのである。立つことも出来ないのである。動くことも出来ないのである。生きることも出来ないのである。敢《あ》えてなせば、実際には生命が其処《そこ》になく止《し》であり、死であり、病むである。念々に流れ去るこの世界は、其処《そこ》を去り、放ち切り、流しきり、その本性のままに空無に超えて生命はかえるべきところにかえり、目ざむべきところにめざめ、立つべきところに立って、はじめて生きるのである。

時間空間の世界には生命は無いのである。本当の生命は生きていないのである。時間空間の世界を超えてある生命こそ、生きる主体であり、行ずる主体である。生きると云うことは、時間空間の世界を超えてある生命でなければ出来ないのである。なすと云うことは、時間空間の世界を超えてある生命でなければ、出来ないのである。得ると云うことも、時間空間の世界を超えてある生命でなければ出来ないのである。この生命が今此処に立たなければ、生きるも、なすも、得るも、その他全ては空華《くうげ》であって実《み》が無いのである。無明《むみょう》の流転であり、肉体我の生活である。時間空間の世界を超えて、今が久遠の今であり、実在の今である。此処に帰り此処より出発して、はじめて、本当に生きる生活であり、本当に行ずる生活であり、本当に得るところのある生活である。空華の流転ではなくして、実《じつ》のこもった生活である。

時空の世界を空虚な魂でさまよう生活を捨てて、実在の今より今の生活を出発させるのが、生長の家の人間神の子の生活であり、神想観の生活である。神想観の中に本当に祈り得たものが、拝み得たものが、本当に実体を得たものである。この心が立って生きて、神の子の生活がひらき、この世の此処に天国が現前《げんぜん》するのである。

此処に到らねば、思う通りになってもならなくても、実《じつ》は無いから本当の幸福は無いのである。生きがいは無いのである。此処に立って、神の生命が生きて、はじめて、本当の自由と幸福とを知ることが出来るのである。

自分の思う通りになって幸福なのではない、神の生命が顕《あらわ》れて幸福なのである。

現象我肉体我を捨てなければならない。本当の自分神の子の自分を拝まなければならない。喜ばなければならない。立てなければならない。現象を放って神を愛さなければならない。感謝しなければならない。これらのことを神想観の澄《す》み切りの中に立てなければならない。そして、立ちて歩ゆまなければならない。

（昭和二五年二〜三月）

神想観三昧

時間空間の中《うち》には生命《いのち》は生きてはいないのである。時間空間の中に生命《いのち》を観《み》る者は、無明《まよい》に堕《お》ちて、虚と実とを顚倒《てんとう》しているのである。時空の中で何かを得ようとする者は、無の中で実《み》を得ようとするものであって、妄想に堕《お》ちているのであるから、得ることは無いのである。得たと思っても、中空《なかくう》である。

物質には力がない。すべては心の力である、とは目覚めても、時間空間の中から出る心では、物質と表裏一体である。物質が本来無い如く、その心も亦《また》本来無い。その無い心で神の生命《いのち》に随順《ずいじゅん》しても、底の無い桶《おけ》で水を汲《く》みあげているにも等しい。観念はめぐっても、実《じつ》を得ることは出来無い。影は映じても実は無い。解っても生きない。何時《いつ》も、神は面前にあって、相対《そうたい》である。神に相対するその心は無明《まよい》である。神の周辺を堂々めぐりするばかりである。その心で、神に素直と云うことを仮作《けさ》しない様に、その心で、一切の動作をあらしめない様にしなければならない。時空を超えて今此処《ここ》にある本当の生命《いのち》を出して来ることから、私達の生活は出発していなければならない。この生命《いのち》が、行々《ぎょうぎょう》展開して行くのでなければならない。

時間空間を超えねば何も得られないのである。時間空間を超えれば、其処《そこ》が、光明溢《あふ》るる実在の天地であり、神の生命《いのち》が生きているのである。本当の自分が生きているのである。この神の世界で、神の子が、自分自身の心だけに、一切をあらしめているのである。

何よりも先ず、己《おのれ》の住地が当然あるべきところに安定しなければならない。己の住する今此処が、時間空間を超えて、実相の世界でなければならないのである。このことを判然としなければならないのである。無字《むじ》の透過《とうか》であり、三百六十度回転であり、十字架の成就であり、神想観の端坐深行《しんぎょう》である。

◯

キリストの愛。真理の愛。道の愛。宇宙に満ち満ちて欠くるところの無い愛。摂取《せっしゅ》不捨《ふしゃ》に働き給う愛。是非善悪に捉《とら》われない愛。火水《かみ》の光に輝く愛。聖、至上、無限と讃《たた》えられる愛。これが、この世の創造主《つくりぬし》なる神の愛である。

この愛を今此処《ここ》に観《み》て、神の子の生命《いのち》が、今此処に誕生するのである。それは、聖《しょう》誕《たん》である。霊々妙々、清浄《しょうじょう》無垢《むく》なる誕生である。肉によらず、物によらない誕生である。この誕生は、不生《ふしょう》の生《せい》に誕生するのである。そして、不動の動《うごき》に生きるのである。物質の世界を出入去来《しゅつにゅうきょらい》することのない歩みである。この誕生と、この生活が、招神歌にとなえられている、「吾が生くるは吾が力ならず、天地《あめつち》を貫きて生くる祖神《みおや》の生命《いのち》。吾が業《わざ》は吾が為《な》すにあらず、天地を貫きて生くる祖神の権能《ちから》」の現成《げんじょう》である。

「剣術の奥義如何にと問わるれば、墨絵にかきし松風の音。」これは、山岡鐵舟《てつしゅう》が、剣術の奥義、即ち、剣道の生命を歌に托したものである。墨絵にかきし松風の音。道の生くるは、この様に生きるのである。道の生活は、執《つ》かず離れず、などと云われるのもこのことである。執けば、執着であり、仮縛《けばく》の中であり、離るれば、相対の空《くう》、無明《まよい》の中《なか》である。道の生活、現象を超え、そして、無字を超えた絶対なる道の生活が、招神歌の導き給う神想観の生活であり、神は愛なり、の神の愛に甦《よみがえ》った生活と云われるのも、この生活のことに外ならない。それは、墨絵にかきし松風の音の様に今此処に生きて、人時処《じんじしょ》三相応に、神の愛の生きて行く生活である。

○

祈りの心が整わなければ、一切の心もまた整わないのである。祈りの心は、生命《いのち》の息の根であり、生きてある生命《いのち》の中枢位《ちゅうすうい》にある心であるからである。今世間一般には、祈りの観念に濁《にご》りが入り、祈りと云う意味に歪《ゆがみ》が来ているが、これが正しく取扱われ、そして、本当の第一義根本の祈りを、自分自らの祈りとして祈ることが、神の子の出発、真実生活の出発である。心がととのわないと云うことが、物質にひきすえられていると云うことである。第一義根本の祈りが立って、物質の仮縛《けばく》を超脱し、因縁因果の仮縛を超え、生老病死の四苦を超えるのである。

神想観の生命《いのち》が立たねば、一切の祈りも生命《いのち》が生きず、祈りが生きずには生活は立たないのである。祈りは心の霊であるからである。神は渾《すべ》ての渾てであり、神想観はその端的《たんてき》である。無限の光明の中にある無限の感謝、これが、神想観の光明であり、祈りであり、この祈りが一切の祈りに光をあらしめ、一切の心に光をあらしめ、此処から神の生命《いのち》が生きて立つのである。そして、善となり、義となり、慈悲となり、調和おのずから備わり、この世に此《こ》の儘《まま》天国浄土がひらけるのである。神の生命のスミキリ、道環円成《どうかんえんじょう》が神想観である。

○

「悔改《くいあらた》めよ、天国は近づけり」（マタイ伝）との説法と、「懺悔《ざんげ》せんと欲せば、端坐して実相を想え」（観普賢菩薩行法経）との真言《しんごん》とはひとつのことである。悔改めとは懺悔と云うことであり、天国とは実相世界のことである。端坐とは、坐するものなくして坐するのである。観《み》るものと観られるものとひとつの位に坐するのであり、観られるものと観るものと「一」なる生命《いのち》が坐するのである。この端坐が、神想観の位である。

神想観によって生命《いのち》が立ち、生命《いのち》が立てばこそ、生命《いのち》の糧《かて》もその妙力を発して生命《いのち》を生かすのであり、光の言葉も光の言葉の妙力を発現するのである。この生命《いのち》を立てねば、ひとたびは、この生命《いのち》の中に一切が摂取《せっしゅ》されねば、それ自身光の言葉も、その人の生きる力とはならないのである。その人の御霊《みたま》のさきはえとしての働きとはならないのである。

「実相を観ずれば、無量の勝方便《しょうほうべん》が生れる」とは、人時処三相応に生命《いのち》が展開し、一切万事ことごとに、生命《いのち》が生命《いのち》に到り生命《いのち》がなり出ると云うことである。これは即ち、神想観の生命《いのち》があるべき様にあらしめられて、一切万象に成道《じょうどう》の光が輝くと云うことである。

神想観の生命《いのち》が、現実に今生きる生命《いのち》をして、生命《いのち》ならしめるのである。この生命《いのち》の働きが一切を摂取し、一切を展開するのである。神想観のスミキリが、光明無量であり、無功徳一切功徳である。この生命《いのち》が回転せねば、一切は人為《じんい》の仮作《けさ》であり、浮動する影にすぎないのである。

神想観の至《し》心礼拝《しんらいはい》こそ、悔《くい》改めよ天国は近づけり、の成就であり、「一切業障界《いっさいごっしょうかい》。皆従妄想生《みなもうぞうよりしょうず》。若欲懺悔者《もしざんげせんとほっせば》。端坐思実相《たんざしてじっそうをおもえ》。衆罪如霜露《しゅうざいはそうろのごとし》。慧日能消除《えにちよくしょうじょす》」の開展具現である。

（昭和二五年一〇月）

今即久遠の光明三昧

「人もし汝《なんじ》の右の頬《ほお》をうたば、左をも向けよ。なんじを訟《うった》えて下衣《したぎ》を取らんとする者には、上衣《うわぎ》をも取らせよ。人もし汝に一里ゆくことを強《し》いなば、共に二里ゆけ。」此処になる生命《いのち》が生きて歩む十字架の光である。下衣を取らんとする者に上衣をも恵む者は、現象を超えて実相を生きる者である。其《そ》の儘《まま》素直に神を生きる者である。放てば手に満てり、無一物中無尽蔵の現成《げんじょう》である。達磨《だるま》は、「この功徳如何《いかん》ぞ」、と問うた梁《りょう》の武帝《ぶてい》に、「無功徳」と答え、「廓然無聖《かくねんむしょう》」と立てた。この無功徳一切功徳の廓然無聖の生命《いのち》が地上を歩んで地上を浄《きよ》めたのが、「人もし汝の右の頬をうたば、左をも向けよ。なんじ訟《うった》えて下衣を取らんとする者には、上衣をも取らせよ。」のイエス・キリストの生命《いのち》である。

カラッポの心が大切である。カラッポの心とは無我の心、顛倒妄想《てんどうもうぞう》を遠離《おんり》したスミキリの心、素直な心。これを、イエス・キリストは、幼児《おさなご》の心と呼び、「幼児の如くならずば天国に入ること能《あた》わず」と申されたのである。我《が》の心とは、たとえば底のつまった濾過器《ろかき》の様なものである。入れたものは、よどみ、にごり、くさるのである。素直な心、幼児の心とは、底のひらいた濾過器の様に、制限の無い、とどこおりのない、無限に通じた末通《すえとお》りたる無心である。よどむことなく、にごることなく、腐ることなく、魚《うお》の通った後の水の様に、スミキリの心である。このスミキリが神の生命《いのち》である。すべてをスミキリ、すべてに生きる神心《かみごころ》である。生長の家信徒行持要目に、「そのままの心を大切にすべし。――そのままは零《れい》なり、一切なり、○《マル》なり、円満なり、無礙《むげ》なり、無限供給なり、調和なり、病なきなり。」と示されている世界である。廓然無聖《かくねんむしょう》、無功徳一切功徳の世界である。この生命《いのち》によみがえり、この生命《いのち》が立って、神の子の誕生であり、行歩《ぎょうほ》である。顚倒妄想を遠離《おんり》した仏陀の光をみるのである。十字の中心になる久遠の光が、今に鳴動する大行《たいぎょう》の展開である。煩悩即菩提《ぼんのうそくぼだい》、泥中生蓮華《でいちゅうしょうれんげ》の、火に焼けず水に溺《おぼ》れずして、火水《かすい》の其処に神の光をあらしめる、神の生命の顕現である。「なんじら己を愛する者を愛すとも何の報《むくい》をか得べき、取税人も然《しか》するにあらずや。兄弟にのみ挨拶すとも何の勝《まさ》ることかある、異邦人も然するにあらずや。然《しか》らば汝らの天の父の全《まった》きが如く、汝らも全かれ。」朝露が音もなく静かに降りて、万《よろ》ずの生命《いのち》を生かす様に、この生命《いのち》が立てられなければならない。今此処天国光明三昧の天地である。

○

現象にひきすえられた心が今の心である時、現象にひきすえられた今を生きる時、その人は魂を置き忘れたのである。本当の魂、神よりの生命を覆《おお》い晦《くら》ましたのである。現象にひきすえられた心、相対に堕《お》ちた心、自我に執した心、神を認めない心、神を外にみた心、物質にひきすえられた心、みんな同じ迷妄の心である。基督教《キリストきょう》では、イスカリオテのユダが、この生命《いのち》を象徴して、キリストの周辺に陰影の様にたたずんでいるのである。これが、罪、真理の外の擬人化《ぎじんか》である。ユダは、キリストを、この罪無き者に罪をつける罪を犯して、罪の価《あたい》は死なり、の言葉の如くに、己《おの》が身を死に到らしめたのである。イエス・キリストは、ユダの虚動《きょどう》に身をおいて、十字架にかけられても甦生《よみがえ》ったのである。イエス・キリストにあっては、十字架も死滅の標《ひょう》ではなくして、久遠に滅することなき光明の象徴なのである。外界は畢竟《ひっきょう》内界の展開にすぎないのであり、生命《いのち》は生き、生命《いのち》無きものは死し滅するのである。「光は暗黒《くらき》にも照る、されど暗黒《くらき》は光あれども之《これ》を悟らざりき。」である。「肉によりて生るる者は肉なり、霊によりて生るる者は霊なり。」である。これは、法則であり、預言者である。

己《おの》が身は、生長であるか繁栄であるか、死滅であるか衰亡であるか。内省《ないせい》と脚下《きやつか》照顧《しょうこ》を失ってはならない。超時空超物質の生命《いのち》と、時空に制せられ物質に縛《ばく》せられた生命《いのち》と、此処に霊と影との別れがあるのである。生と死との分離があるのである。超物質の生命《いのち》の歩みを、己が生命《いのち》の歩みとして、今此処に立てない時、その人は、万物の霊長の王座を下りたのである。天を知らず、霊を知らず、地にうごめく生きもののひくさに、己が身を下ろしたのである。超時間超空間、因縁因果超脱の高い宗教生活に己が生活を貫かれて、人ははじめて、真の霊止《ひと》であり、真理の価値を発現し、神の子として生きる生きがいを知ることが出来るのである。人の子の救いは、此処を判然とあらしめるところに、はじめて生きて立つのである。イエス・キリストは、四十日、四十夜の荒野の修行の場にあって、「人の生くるはパンのみに由《よ》るにあらず、神の口より出《い》ずる凡《すべ》ての言《ことば》に由る」「サタンよ、退《しりぞ》け『主なる汝の神を拝し、ただ之《これ》にのみ事《つか》え奉るべし』」、と神の子の生命《いのち》を立てたのである。神の子はすべてこの様に、神の生命《いのち》を立てなければならない。この様に、神の生命《いのち》を拝まなければならない。其《そ》の儘《まま》素直に有難い、超現象の至心《ししん》の礼拝《らいはい》である。超物質の、超肉体の生命《いのち》を立てずして、五官の感覚に生命《いのち》をわたして生きているのが、凡夫《ぼんぷ》であり罪人《つみびと》である。五官の感覚を超えて、超物質の生命《いのち》を立てなければ、今此処《ここ》に生きているのは神の子ではない。「肉体無」の説法は、此処に輝く光明である。神想観の観行《かんぎょう》は、此処に輝く光明の現前である。

肉体の外へ出なければならない。物質の外へ出なければならない。現象の外へ出なければならない。イエス・キリストは、「まことに誠に、汝に告ぐ、人あらたに生れずば、神の国を見ること能《あた》わず」と、この間の真理を説法致し給うたのである。此処《ここ》がひらかれる時、この身は、この世は、大虚空《だいこくう》、大光明である。この真理をひらく光明はこれである。生長の家に、大宇宙に輝き生きる神想観。神想観に立って、今此処は、現象を超え虚無を超えた実相の世界。そして、念々此処より来り生じて、はじめて、これが本当の宗教生活であり、この本当の宗教生活立って、神の子が神の御光《みひかり》のそのままに生命《いのち》生きる生活が立ったのである。神の恵み給うた人間神の子光明三昧の尽虚空際《じんこくうさい》の生活がひらくのである。そして、陽の輝きに、水の流れに、この消息《しょうそく》を知るのである。一宿一飯《いっしゅくいっぱん》の其処《そこ》にも、この消息を知り神の無限を感じて、神の子の生命《いのち》に至心の礼拝が立つのである。この礼拝が、霊なる、愛なる、智慧なる、神の生命のスミキリであり、無限より無限へ限りない生命《いのち》の歩みを歩む輝きである。この輝きは、十字の中心に輝き渡る、人の子の憧憬《しょうけい》の光である。この輝きが、今此処に立ち一切が照射されて、生長の家の人間神の子の生活が立つのである。これで、人間は無限の自由の中《うち》にあって、自分自《みずか》らを晦《くら》まして無明に沈むことなく、神の恵み給うた人間神の子の本来の面目《めんもく》を現実にあらしめることが出来るのである。

○

神の子は実相の世界に生きるのであって、それ以外の如何《いか》なる世界に生きるのでもない。この真理に、己《おの》が生命《いのち》が判然と、目をさますことが大切である。この目覚めによって、無明の暗《くらさ》が雲散霧消するのである。如何に真理が立てられた様に見えても、此処が晦《くら》まされている限り、本当には、真理は立てられていないのである。

実相の外《ほか》は無い。実相の外がなければ、現象悪の世界をあると認めて動作する、実相にはずれた者もない。無明も無く、無明を動作する者も無い。

凡夫《ぼんぶ》が、罪人《つみびと》が、肉体人間が、実相の世界を神の生命《いのち》を基調とし理想として、その如く生活を行じて、この現象世界を実相の如く完全に生きて行こうとする生活は空しい。無明の流転に外ならない。その世界も人も共に無い。神の子が神の世界に生きている。この実相のみが、本当に今此処にある事実であって、これ以外は無いのである。この真理が正しく己が魂の声となって、神の生命《いのち》が生きるのである。この真理が正しく此処に立てられていない魂、この仮の相《すがた》が、肉体人間であり、凡夫であり、罪人である。この仮の相《すがた》は、暗夜が太陽の昇るまでの一時の仮の相《すがた》である様に、真理の声が立つまでの一時の仮の相《すがた》であり、真理の声が生きて立つ時、最早無い。夢中の人の如きものである。

現象の内奥《ないおう》にましします、この真実在の実相を、今此処にひらくキイポイントが神想観である。観《み》た者だけに顕現するのであり、不来《ふらい》にして来るのである。神想観は神の子が行ずるのであって現象人間が行ずるのではない。神想観の天地は実相の天地であって現象の世界ではない。現象人間が神想観を行じて、神の光を受けるのであると云う様に行じては、神想観ではない。神想観の世界には現象人間は無いのである。現象人間の力では、神想観の周囲を堂々めぐりするばかりで、神想観の中へは入れないのである。実相の世界と現象の世界、神の生命と現象人間の間の懸橋《かけはし》であり、縁結びの光であるとみる心も、神想観を正見《しょうけん》したものではない。神想観を行ずることによって、実相の世界が現象の世界に投影してくるのである、ときかされて、この様な意味に受取る者は、文字をきいて其処《そこ》に語られている生命の言葉をきかない者である。神想観は実相の其《そ》の儘《まま》であり、実相の端的であって、神想観には現象は無い。現象が無いから、現象から実相への通路でもなければ、現象と実相の隔《へだて》でもない。神一元なのが神想観である。現象は、夢の如く幻の如く響《ひびき》の如く化《か》の如し、念々に流れ去って無無の無である現象は無い。この消息を、神想観の祈りの言葉に、吾今五官の世界を去って、と祈るのである。無限の智慧、無限の愛、無限の生命、無限の供給、無限の喜びの満ち満ちている大調和の世界である、と祈るのである。かくの如く尽天尽地一切が実相世界に置き換えられて、神想観である。現象本来無、只実相のみ、顚倒妄想を遠離《おんり》して、涅槃《ねはん》を成《じょう》ずるのが神想観である。今が時間の瞬刻に非《あら》ず、此処が空間の一点に非ず、久遠の今であり、尽天尽地の此処であるのが神想観である。生老病死の四苦を知らず、金剛不壊《こんごうふえ》なるものが神想観の生命《いのち》である。十字の中心にきらめくものが神想観である、生長の家が神想観である。沸《わ》き出《い》ずる光の泉が神想観である。スミキリて寂《じゃく》静《じょう》なるものが神想観である。

神のなさしめ給う神想観。この観は本来神事《かみごと》であって、神想観することは、神の世界から神の生命《いのち》がひらいたのである。生命《いのち》は自《おの》ずから其処に出て、その内容がひらくのであって、事の成るはすべてこの様にして成るのであり、生命《いのち》が、自《おの》ずから出て自《みずか》らを立て自らをひらく、その行事が、虚妄をはらった真実生活の根元の光である。これが道であり、超脱であり、甦生《よみがえり》である。この光が只管《しかん》の神想観である。此処を晦《くら》ますことが即ち根本無明である。十字架に肉体を滅し時間空間を超越して、霊なる久遠のキリストが復活した。この甦生《よみがえり》が神想観であり、この久遠の生命《いのち》が、人間神の子の実相である。この光に光あらしめて、今の現実に天の光が輝き、霊なる神の子が生きて歩む、今此処天国、天人常充満の天地である。

肉体が自分であると思う時、その人は、時空の十字にはりつけられたのである。十字交叉の真理に照らしてみれば、空《くう》無明にして本来無いと云うことである。無いものが有るかの如くおどるから無明なのである。神の世界に自己を見出さず、時空の中《うち》に自己を見出した時、真理に目をとじ光明を覆《おお》うたのである。自己自身をニセモノにすりかえたのである。これが根本無明《むみよう》である。過去現在未来に心を拡げ、空間の広さに自己を拡げて行ったのでは、自己拡大ではなくして、風邪をひいた護謨《ゴム》の様に、死体が解体してひろがった様に、混乱したのであり、魂を失ったのである。時空を超え、現象を超えるのが、本当の自己拡大である。現象を超えるとは、本来無い現象を本来無いとすることである。本来無いものを本来無いとすると云っても、本来有るものが登場して来て是《これ》をなすのでなければ、仮論《けろん》にすぎない、観念の念にすぎない、無明の変化流転にすぎない。本来無いものに対して本来有るものの登場が、闇《やみ》に光をともすことである。聖経『甘露の法雨』にも、「実在にあらざる物には実在をもって相対《あいたい》せよ。……闇に対しては光をもって相対せよ。非実在を滅するものは実在のほかに在らざるなり。……闇の無を証明するものは光のほかに在らざるなり。」と教えられてある。本来有るものが今此処に登場して来るのも、本来無いものの力で引き出して来ることは出来ない。現象の力で実相をまねくことは出来無い。肉の力で神を呼ぶことは出来無い。あるものはあるもの自身の力で出て来るである。実相は実相の力で動くのである。神は神の力で顕《あらわ》れるのである。無指《むし》にして立つ指であり、生命《いのち》が生命《いのち》で生命《いのち》を生命《いのち》するのである。この根元のスミキリが神想観である。神想観立って、時空を超え、実相無限に拡大するのである。

神想観して目をさませ。天地のひらくる音をきいて目をさませ。神の生命《いのち》が、重々無礙《むげ》に交流展開する、転法輪《てんぽうりん》の光明遍照界《こうみようへんじようかい》。神我一体自他一体、至大無外に至小無内に、神の生命《いのち》が神の世界に生かされる、陰と陽との相即相入《そうそくそうにゆう》、大調和の円相スミキリの世界。超次元の言霊《ことたま》の鳴りわたる至極の楽園である。光明三昧の法楽満つる天地である。

○

不完全は無い、完全のみがある。実はあるが虚は無い。光明はあるが暗黒は無い。無いものも有ると認めていれば消えないが、消えても消えなくても、不完全はない、暗黒はない。顕《あらわ》れても顕れなくても、完全はある、光明はある、存在するものはある。在るものは有る、無いものは無い。これは真理であって、他よりの証明を要しない。在るものは光明のみである。在るとは完全の別名である。在るとは完全であると云うことである。完全とは、無限と云うことである。円相と云うことである。妙々と云うことである。満ちて欠けずと云うことである。光明の無いところは無いのである。神一元、光明一元なのがこの世である。だから、救われていないとみえる相《すがた》も、一時の仮の相《すがた》であって、本当にある相《すがた》ではない。本当にある相《すがた》は、其《そ》の儘《まま》其処《そこ》に、本来救われている相《すがた》のみである。それであるのに、この真理の言葉をきかず、救われていない、現象の仮《かり》の相《すがた》を本当にある相《すがた》であると妄想錯覚して、その相《すがた》の中《うち》に停着してしまうのである。その相《すがた》がその人を縛っているのではなく、その人がその相《すがた》をつかんでいるのである。実相と現象と、光明と暗黒と、真理と迷妄と、その人の自覚が相対二元に仮《け》縛《ばく》されている限り、本当の救いは絶えて成就しない。肉に立った感覚主義者、写真機械の様に現象にとどまった人、相対観念を其の儘に動作する人、此等《これら》の人々の世界には、本当の救いは永遠に成就することは無い。宗教の歴史に現れて来た殆ど大部分の人々迄が、此処《ここ》に出発点をもっていた為に、仏に交叉《こうさ》し、消没し、復活する事無く、仏と相対関係のまま平行線に進むのみにて、足下に、そして、尽十方《じんじっぽう》に光明を観《み》た人に蘇生《そせい》することが出来なかったのである。人間を仏の子であると拝むことが出来ずに、仏の光明は尽十方《じんじっぽう》に輝けども、その人の現実にあっては、夢中《むちゅう》の華《はな》であるにすぎなかったのである。宗教も此処に墜落して、その光明を不尽の光明のままに、輝きを晦《くら》まして地に墜《お》ちたのである。

人間は神の子であり、万物の霊長である。この生命《いのち》が晦まされることなく、判然と、明瞭に、純正に、端的に生きて立っているのは、生命《いのち》の呼吸が純一無雑に澄《す》みきって、己《おのれ》の生命《いのち》があらしめられている時である。この生命《いのち》は人間が造作してつくるものではない。神より直愛《ちょくあい》にめぐまれるものである。無心合掌光明三昧、只管礼拝《しかんらいはい》の神想観こそが交叉《こうさ》即一直受直心《ちょくじゅちょくしん》スミキリの端的であり、此処が、其の儘素直に有難い世界、天地一切和解の世界であり、この生命《いのち》が生きて歩むその諧調《かいちょう》が、和顔愛語讃嘆である。和顔愛語讃嘆の生活とは、光をかかげて光に和《なご》み、光を愛して光をたたえ、光を認めて光を生かす生活である。故に、生長の家の生活は、暗黒面をみないで光明面をみる生活であり、悪を滅して善を生かす生活ではなく、神をかかげて悪の雲散霧消する生活である。神想観から出発して、神の子が神の世界の真実実相《しんじつじっそう》をかかげるのであり、有難いと「今」を行ずるのである。

○

神の子人間、万物の霊長なる霊止《ひと》の霊止《ひと》たる所以《ゆえん》を此処《ここ》に現前せしめる基点は何処《どこ》にあるのであろうか。霊とは分割し得ないものであり、其《そ》の儘《まま》ひとつのものである。其の儘ひとつのものを其の儘ひとつにあらしめるものは、スミキリのス、スベテのスなる、スの生命《いのち》である。このスがすべてをすべるのである。

神の子人間、万物の霊長なる霊止《ひと》の霊止《ひと》たる所以は、万《よろ》ず万象の生命《いのち》を円満大調和に統一する、その統一性の中《うち》に宿っているのである。万物の霊長の長はオサであり、オサはオサメルであり、オサメルとは一体としてのスミキリであり、一即多、多即一の大調和の円相統一である。即ち、此処に生きる万《よろ》ず万象の生命《いのち》は、神の子人間の生命《いのち》に統一されて、神の創造《つく》り給うた己が実相を、その本性のよろしさのままに顕現することが出来るのであり、神の子人間の本性が生きない時、この世は混沌《こんとん》として、神よりの光明世界を実現することが出来無いのである。

万物の霊長として、神のもち給う渾《すべ》ての渾てを与えられて己が本性として生きている神の子の生命《いのち》は無限の多様性をもっている。この多様性のスベテ、この多様性の中心に、この渾てを統一する生命《いのち》を立て、この生命《いのち》のまにまに渾ての多様性があらしめられない時、万《よろ》ずそれぞれの多様性に混沌として混乱し、自性《じしょう》完全でありながら、その内在価値をかかげて生きることが出来無いのである。生のみの世界に死が生ずるのであり、悪の無い世界に悪が、不完全の無い世界に不完全が、矛盾の無い世界に矛盾が忽然《こつねん》として現れ出て、因なくして果の生ずる無明縁起《むみょうえんぎ》の世界が此処に現れて来るのである。それは喩《たと》えば、内臓の何処《どこ》にも病気の原因が無くても、呼吸を殺す時、忽《たちま》ちその完全な内臓の何処かに病変が現れて来るのにも似ている。この、因なくして果の生ずる無明縁起の問題が解決して得られずに、投げやりにされてあっては、その他如何《いか》なる面に於て真理をかかげても、それでは、表面を糊塗《こと》したにすぎなく、鍍金細工《めっきざいく》にすぎなく、何時《いつ》かは崩れ散る砂上の楼閣《ろうかく》を築いたにすぎないのである。この解決は即ち、現象を超えて実相に入《い》り、今此処に実相の其の儘をあらしめる、スミキリでありスベテであるところの光明を立て、この光明に念々をあらしめることである。此処に、生命《いのち》の生命《いのち》、霊の霊がある。吾らの行ずる神想観が即ちこれである。神想観に於て、個即全であり、全即個であり、個と個とが其の儘「一《いつ》」の融合である。無限の光明が交流交叉する無限次元のスミキリが、今であり、此処である。個を捨てずして全であり、全であって個が自由である。孤立弧在《こりつこざい》、分裂相克《ぶんれつそうこく》、彼我相対《ひがそうたい》の迷妄を超えて絶対そのものの円融《えんゆう》スミキリ大調和である。天地一切和解である。生命《いのち》の生きるのは、すべて斯《か》くの如くに生きるのであり、このことを自覚して斯くの如くに生きるのが、万物の霊長である人間の救《すくい》であり、光明である。この救《すくい》と光明を誠に生命《いのち》あらしめるものが神想観の行事であり、これが、スミキリのスベテの統一であり、東は東、西は西、完全は完全に、実は実の如く、無は無の如くあらしめる根元の光明である。このことに生命《いのち》の生命《いのち》を観《み》、このことを生命《いのち》の生命《いのち》として立てられて、生命《いのち》が生命《いのち》で生命《いのち》を生命《いのち》する、神の子人間の生活が生きるのである。神想観が大切である。これが、光の光、生命《いのち》の生命《いのち》、霊の霊であり、万物の霊長性の骨髄であり、無明も無く、肉体も無く、物質も無く、今此処が実相の天地であり、光明無量の生活である、その骨髄真性である。万《よろ》ずの心性を統一し、人間神の子の霊なる実体を今此処に実現し、一即多、多即一、円満大調和に万ずの生命《いのち》が生き、この世に常楽の世界が現前するのである。人間神の子を中心に万ずの生命《いのち》が実相を観ずる歌を唱和する世界である。「吾れ坐す妙々実相世界、吾身は金剛実相神の子、万ず円満大調和、光明遍照実相世界。」であり、この世界が神想観の天地である。神想観の天地は、光明三昧《こうみようさんまい》である。妙々三昧である。一切三昧である。

（昭和二五年一月）

生命の世界 ――求道随筆――

○

宗教とは「もとの教え」である。「宗」はその字の象形的意味は「ウ冠」に「示す」であって、宇宙にみちみちて到る処《ところ》に示されているところの教えそのものである。宇宙の啓示である。宗教は宇宙の生命をとらえるものである。

○

科学は、分科学の意味である。「科《か》」という字は枝という意味である。「宗」が、宇宙全体にみちひろがっている根源を意味しているのに反して、「科」はそれより分科したるところの、現象を研究するところの学である。それ故に両者共にその立場が異なるのであって、宗教と科学とが両立しないのではないのである。

○

科学とは組織されたる知識でなければならない。組織とは幾多《いくた》の現象を材料として、その共通的法則を組み合せて一つの体系におりなす学である。宗教は組織されたる学ではない、全体を直観的につかむのである。部分の集合ではない。

○

科学は事物を分析的《ぶんせきてき》にとりあつかう。部分々々に分けてこれをもう一度一体系に組織立てるのである。例えば、科学は恋人を分析して皮膚《ひふ》と、筋肉と、血管と、内臓と、骨と、何々であると分解する。宗教はそのまま人間全体を「美しい恋人」であると見る、否《いな》、神の子又は仏子と観《み》るのである。

科学的立場に於ては人間は美しいということはあり得ない。それは分子の集合であり、細胞の集合であり、それを貫くに食欲と性欲とをもっている塊《かたまり》であるにすぎない。美というものは、分析の世界にはないのである。

○

どんな絵画《かいが》も、これを如何《いか》なる絵具の集合体であるかと分析して行くならば、どこにも絵画の美というものは存在しないのである。しかしかく見るということがまちがいであるというのではない。或る立場から見ればかく見えるのが本当である。

○

絵画は全体としてその美を把握《はあく》したときに本当にその美が認められるのである。人間も宗教的立場に於て全体として把握したときに人間の美しさが把握されるのである。

○

自然科学は客観世界を「ありのまま」に見ようとしている、しかし実は物質の立場に於て見ようとしているのであって、ありのままを見ているのではない。ありのままは「全体」であるが、自然科学は分科的にある一立場から或る部分のみをのぞいて見て「かく見える」というありのままを見ようとするのであるが、全体を「そのまま」見るのではないのである。「ありのまま」とは顕微鏡を通したり、望遠鏡を通したり、或る薬品をそそいだりして見える姿であってはならないのである。

○

ものを固定して見る限り「ありのまま」を見ることはできない。「ありのまま」は流動そのままで見なければわからないのである。写真は、写した川の流れは「ありのまま」のようでも「ありのまま」ではないのである。それと同じくレンズや薬品を通して観察した姿はある条件に於てかく見えると云うに過ぎない。

○

動いているままで、ものそのものを見ることが出来ない所に科学の悩みがある。ハイゼンベルヒの不確定の原理もここから来るのであって、科学でわかるのはただ或る立場に於てかく見えるというにすぎない。

○

ものは「心」でもなければ「物質」でもない。そのままの一つである。五官面から見れば物質に見えるのである。心の面から見れば心の表現に見えるのである。見なければ「無」である。それが実相である。「ものはものにあらずこれをものという。」

「人は人にあらずこれを人という。」ただ「吾《われ》」はあるのである。"I am" である。「ある」とは「実在」である。吾は「実在」である。

○

「物」がなくなるという立場が宗教的立場である。「自分」が無くなりただ神のみが「I am」と出て来るのである。「爰《ここ》に吾れ（神）はある」が"I am" である。

○

理智によってのみ一切のものは知り得るというのはまちがいである。科学に於ても数学に於ても、一が一であるというような根本問題は理智では決定出来ない。それは直観によってのみ知られるのである。科学といえどもそれは直観の上に築かれているのである。

○

唯物論者は「神」とは人がこしらえたものであるという。その「人」とは物質で出来ているという。物質が先で人間が後であるという。しかし人間が物質を認めなければどこに物質があるか。

○

一挙手一投足が神の一挙手一投足でなければならない。

○

何でも汝《なんじ》のしたいことをせよ、しかし神に任《まか》せて自分が無くなっていることが前提である。

人間は神の子であるから、人間が人間らしい生活をすることが神の子の生活をすることになる。

○

求める者には与えられず。与える者には与えられる。自我を放棄《ほうき》する時一切がわがものとなるのである。

○

そのまま――実相――人間神の子――善いことのほかできない――病気になりようがない――貧乏になりようがない。そのままをこわす所に悪いものがでてくるのである。

○

自分を知ること。自分がどこに立っているかを知ること。自分が何ものであるかを知ること。自分が何を目的としているかを知る事。

○

多くの人達は善と見ることをしているけれども、実は権力意志の自己発展であることが多い。

○

権力がほしいのは権力がすでにあることを知らないからである。誰かに認められて権力が出来るように考え誤っている。本当の権力は自立的なものでなくてはならない。

○

自分の生活の為にやる仕事は、どんな仕事でも手垢《てあか》のついた仕事である。自分がなくなりただ他の人のみを活《い》かすことになることが必要である。

○

無我になった時にすることはどんなことをやっても善になる。

○

どんないいことをしても我《が》の心でやったものは本当の善ではない。

○

不道徳のことのように見えても無我でやることはそのまま道に適《かな》っている。罪と見えるようなことから善いことが生れて来る。ダビデは自分の臣の妻を奪ってやがて自分の妃《きさき》にしたが、彼女から生れた王子がユダヤで最も賢者であったソロモン王となったのである。神は悪からでも善を生み出す。人間は善からでも悪を生み出す。

○

善悪を思わなくなった時に本当の善がでてくる。

○

わしがこんな善き事をしたと思っている間は鼻持ちがならない。更《さら》に自分の「善」を標準として他をさばくに到っては罪人というよりも地獄の鬼である。

○

鬼のおらぬ世界が天国である。さばく事を知らず、賞《ほ》める事のみを知っている世界が天国である。ほめる事を知らず、さばく事のみを知っている世界が地獄である。

○

とりこむことだけをして出すことを知らぬから結局不自由なのである。

○

退《しりぞ》く時に退くを知り、出る時に出る事を知るのが達人である。

○

退くのが悪いのでもなければ、出るのが善いのでもない。その反対も亦《また》しかりである。時に従って自由自在が実相である。

○

今実行することである。しかし退《しりぞ》くのも実行であるし出るのも実行である。進退のかけひきが自由自在になるのが実相の体得《たいとく》である。

○

「観《み》る」と「行《ぎょう》」とが一つになったとき実相が生きてくるのである。自己の実相を観て行ずる。

○

なすべきことをなし、なすべからざるをなさず。ただそれだけのことである。それが実相の行である。

達人に禁欲ということはない。煩悩《ぼんのう》を断ぜずして涅槃《ねはん》を証《しょう》するのである。そのままに欲望が浄《きよ》まるのである。欲望の浄まらないようなものは宗教家にならない方が幸いである。

○

「死」を体験した人はない。もし「死」が体験できるならばその人は死んでいないからである。だから「死」というものは体験の世界に於ては存在しないのである。ただ「生」のみある。体験出来るものは「生」のみである。

○

因果の世界にあるものは必然にしばられて自由なる事を得ない。因果を創造する者となって始めて人間は自由を得る。わが一瞬一瞬の思い、すべて因を知り果を廻転《かいてん》せしめる。吾《われ》は因果の主人公である。

（昭和二四年一月）

已成の仏　今此処に生く

大信心は仏性也《ぶっしょうなり》とは、大信心は仏性より起るものである、と云うことである。大信心を成就するものは、仏性自《みずか》らである、と云うことである。それは、自然法爾《じねんほうに》に相即《そうそく》相入《そうにゅう》する自他一体の全機《ぜんき》に成るものである。

大信心とは、申すまでもなく、絶対の信心である。火にも焼けず、水にも溺《おぼ》れない信心である。金剛不壊《こんごうふえ》の信心である。清浄《しょうじょう》汚穢《おえ》に掟《おきて》されない信心である。それ故に、現象の状態によって仮縛《けばく》されない信心である。仮縛されないとは、妨げられないと云うことであり、同時に又、支えられないと云うことであり、現象は、其《そ》の儘《まま》本来無なる信心である。老幼《ろうよう》男女を問わず、貴賤貧富《きせんひんぷ》を問わず、民族の種別を問わず、社会機構の如何《いかん》を問わず、現象状態の如何にかかわらず、人々各自の今此処にあって久遠常在永遠不滅に末通《すえとお》りたる信心である。この信心は求むるに先立って与えられている信心である。この信心よりの信念を、己れの信念として生くるのが、人間神の子の信念である。

絶対性に裏付けされないものは、有るかの如く見えても本来無いものであり、それは、空無陰影《くうむいんえい》の仮存在《かり》に過ぎない。信念も亦《また》、大信心よりの信念でないならば、それは、本当には無い信念である。信念の如く仮相《けそう》した本来無い心の影である。観念の念《こころ》である。大信心は仏性より来たるのである。本来性《ほんらいしょう》より来たるのである。神の子の其の儘に宿り、神の子が神を拝して誕生するのである。神の子が神の生命を、其の儘の一体不二《ふじ》に礼拝祈念するのが、神想観である。大信心は、神想観より来たるのである。初発心《しょほっしん》の信心である。神の子の目覚めである。

肉体人間が、迷いの心が、信ずべきものを先ず信じ《ま》、その信の力によって、神の生命にいだかれるのであると考え、或いは又、その信の力によって、救われた状態を此処に実現するのであると考えるのは、その考え方自身が既《すで》に迷いである。迷いの心より発心《ほっしん》したのでは、その信念も迷いの信念であり、信念の如く見える迷い心の思い煩《わずら》いである。先ず信ぜよ、と云うその信心は、迷いの心が救われる為に信心するのではなく、既に救われている神の子が信心して、自己を現成《げんじょう》するのである。迷った心に神を信ずる力は無いのであり、先ず信ぜよの先ずは、肉の心を超えて、初発心である。

初発心《しょほっしん》とは、ハジメなきハジメ、本当のハジメの発心である。このハジメは、「太初《はじめ》に言《ことば》あり、言《ことば》は神と偕《とも》にあり」（ヨハネ伝）のハジメである。この太初《はじめ》の発心が、即ち、大信心の音声《おんじょう》である。この心が発心して、時空の形式に翻展《ほんてん》されては、一番先に、何を置いても先ず先きに、と現れ出《い》でて初めて其処《そこ》に生命が生きるのである。太初《はじめ》とは実相であり本来性であり、この生命が生きなければ、信念の力をたてて、時に、現象がととのっても、現象流転の生活である。

知らないことを信念とすることは出来無いのである。実相を知らない心が、実相を信念とすることは出来無いのである。内に無いものを知ることは出来無いのである。そして又、内にあるその心が自分で出て来て信ずるのでなければ、その信念は影法師《かげぼうし》である。神の生命を信ずれば、汝の信ずる如くなって、今此処《ここ》に、神の生命が生きるのであるが、神の子でなければ、神の生命を信ずることは出来無いのである。

夢を描け、と云うことは、御教《みおしえ》に説かれている大切なことではあるが、若《も》しも、本来無い心で描いていたならば、生命は顕現《けんげん》しない。本来無い心には、本当の力が無いからである。本当に有る心が描いた夢が、生命がこもり、信念となり、現実に実現するのである。夢に描くと云うことと、夢想《むそう》の状態とは違うのである。信念がなければ、夢に描いても、根も葉もない夢想の状態である。信念が強いとは肉体人間の相対観念が強く思うと云うことではない。信念とは実相より来《きた》る今の心のことであり、大信心の今の心が、大信心の音声《おんじょう》が、信念なのである。大信心は仏性であり、神の子の心よりの発心が信念なのである。この信念でなければ生命が無いから、現象に相《すがた》は現れても、本当の絶対の生きがいは無い。実相の生活ではなく現象流転の生活である。

実相を観ずる至極《しきょく》の今に端坐《たんざ》し、其処より発心して来るのが、人間神の子の心である。十界互具《じゅっかいごぐ》の全大宇宙の救いを、今の極微《ごくび》の一念、一念も無い至極の今に成就《じょうじゅ》するのが、生長の家の救いである。大乗無《だいじょうむ》礙《げ》至《し》心《しん》廻向《えこう》の光明であり、不来《ふらい》にして来《きた》る一念の発心である。神想観の至心至極《ししんしきょく》の端坐である。神想観に夢を描き、夢を描いて、今を生かし、今を生かして、神想観に住し、この至心の今の円融道環《えんゆうどうかん》に感謝合掌礼拝の日々が人間神の子の生活である。

（昭和二五年一二月）

そのままの心

人は皆、自分が生きているのではなくして、生かされて生きているのである。生かされて生きていると云っても、先《ま》ず、自分がいて、その自分が、自分でないものに生かして貰《もら》っていると云うのではない。これではやはり、自分が生きているのである。たのむ自分もいないのに、生かされて生きているのである。だから、生かしてくれている生命《いのち》のみがあって、その外に別に自分と云うものは無いのである。その生命《いのち》が、渾《すべ》ての渾てである神様の御生命《おんいのち》である。神が頼まなくとも生かしていてくれるのは、生かさずにはおられないから生かしていてくれるのである。自分が無くて、何も無くて、生かされているのであるから、生かしてくれている方で、すべてを出して生かしてくれているのであり、人間は、生み出されて、生かされているのである。人間ばかりではない、生きているものすべてがこの様に生かされているのである。だから、神は渾《すべ》ての渾てであり、生命《いのち》あるもの、生きているものは、みんな神の子であり、人間は特に、その神の渾ての渾てを生命《いのち》として生かされているから、神の独《ひと》り子なのである。万物の霊長なのである。自分の生み出したものであるから、自分の延長であり、自分とひとつであり、自分と同じに大切なのであり、愛さずにはおられないのである。其処《そこ》には、自《おの》ずからに愛の心が出て来るのであり、深切の心が出て来るのである。神の生命が、如何《いか》に霊妙《れいみょう》不可思議なものであるか、その愛の心が、深切の心が、如何に超現象の霊智性《れいちせい》豊かなものであるかは、科学が芸術が、この世の神秘に段々と目覚めて行くことによっても、次第に証明されて行きつつあるのである。宗教は、先《ま》ず、この神の生命《いのち》の霊妙不可思議さに、人々の心の目をさまさせて、その生命《いのち》の歩みを出発させる導きをするものである。神は渾《すべ》ての渾てであり、創造主《つくりぬし》であり、自分以外は無い絶対者であり、その渾てを与え切って生かして貰っているのが神の子人間であるから、人間は、生かされていながらも、まるで自分で生きている様に生かされているのである。自分で生きている様に生かされていながらも、神一元に澄《す》み切らず、自分と云うものがあると思うと、迷いであり、心の穢《けが》れとなって、今此処《ここ》にある光明を観《み》ることが出来ず不幸な現実を仮作《けさ》するので、本当のことを説いてきかせる神の御心《みこころ》が宗教となって現れて、有るものは有る、無いものは無いと、説法して、今の心に本当の心を立ててくれるのである。みんな与えて、自分が無い様に生かしてくれている、これが、真清浄《しんしょうじょう》な神の愛であるから、生かされていながら自分で生きている様に、自由自在に生かされているのであり、人間は、この様に、愛され生かされて生きている存在であるから、本当の自分に目覚めれば目覚める程、有難いのであり、うれしいのであり、自分の中から神の愛が出て来るのである。そして、生きる喜びは愛する喜びとなり、愛する喜びは生きる喜びとなり、生かし合い愛し合いの生活がひらけて来るのである。本当の生活は、厳格な規範《きはん》の律《りつ》のみによって立っているものではない。これは、地に立って天の完《まつた》きを願ったヨハネ行者《ぎょうじゃ》の生命《いのち》であって、神の御霊《みたま》の栄光をかかげてあれましたイエス・キリストの生命《いのち》ではない。神の生命《いのち》の渾《すべ》ての渾てを此処に観《み》て、はじめて、澄み切りであり、中道であり、生長の家の人間神の子の「其《そ》の儘《まま》の心」である。七日にしてやすみ給えり。神は満ち足る心におわしましたのである。何の心配するところも、ものたりないところも、無かったのである。神の子は神の与え給うもの、すべてをすべて全部其の儘受けさえすれば、何の苦しみもない楽天地であり、其処《そこ》に生かされている幸福なのである。欲心は我《が》の心であるが、大欲《たいよく》は無欲に等《ひと》し、である。神の生命が自《おの》ずからの喜びを歌いつつ、神の子へ至極《しきょく》の愛の導きを与えるのが、本当の宗教である。

此処《ここ》に一人の赤ん坊がいる。天地一杯が自分の住家であり、自分をめぐるすべては、愛と智慧との光明である。人は誰も善人である。巷《ちまた》も亦《また》恩寵《おんちょう》の溢《あふ》れる巷である。だから、彼にとって、創造主《つくりぬし》は愛と智慧との至極であり、今此処が天国であり、太陽は、この天地に福音《ふくいん》を育《はぐく》み給う御光《みひかり》である。赤ん坊は、生かされて生きている「其《そ》の儘《まま》の心」であるからである。この「其の儘の心」を生長の家の御教えでは、「行持要目」として掲げて、「そのままは零《れい》なり、一切なり、○《マル》なり、円満なり……」と説明されている。其の儘の心とは、自我意識の無い心である。神から来た心である。赤ん坊は、生かされて生きているそのままで、自我意識を持たないから、今住む天地がエデンの楽園であり、無一物中無尽蔵《むいちぶつちゅうむじんぞう》の生活なのである、「零なり、一切なり、○《マル》なり、円満なり……」なのである。この赤ん坊の儘で大人になることが、本当の生長の家である。赤ん坊の儘で大人になるとは、ハジメの心を失わないことである。赤心《せきしん》であり、本来心であり、実相の心である。此処が判然として、はじめて、神の子の生活である。日々の生活が、如何《いか》に高貴なものによって立てられているも、その一片一片が神の言葉によって立てられた生活であっても、この心を失えば、今の生命《いのち》は混沌《こんとん》であり、神より来た生活ではない。汝《なんじ》は塵《ちり》なれば塵にかえるべきなり、の生命《いのち》に堕《お》ちたのである。此処のところが光明を放って、はじめて、其処に生長があり、天国の栄えがある。今此処天国光明三昧である。「幼児《おさなご》の如くならずば天国に入《い》ること能《あた》わず」である。

（昭和二六年三月）

清浄信に生きる

谷口雅春先生著『静思集』の中に、「価値の創造は手先の技《わざ》ではない」という言葉がある。人間神の子は、この真理の光明に澄み通りはじめて今此処《ここ》に神の恩寵《おんちょう》に生かされて、光明楽土の生活を生きるのである。現象の制約を超えて何時《いつ》も変らず無量の光明に満たされるのである。平常心是《これ》道であり、平常無事《ぶじ》の生活にも無限の価値創造が行なわれ、生死即涅槃《しょうじそくねはん》の神一元の生活を生きるのである。

色即是空《しきそくぜくう》、空即是色《くうそくぜしき》、物質無の真理とともに、物質無の真理の奥に生きて輝く道の光である。「実在は宇宙に満ちて欠けざるが故に道と云う」と聖経『甘露の法雨』は語り給う。欠けて無いのが道である。気枯《けが》れて無いのが道である。マコトであるのが道である。現象より現れ、現象をさまよい、現象の中へ消えて行く肉体人間。神の子のマコトを知らず、物質に制せられた自我の流転《るてん》。無自性《むじしょう》無自覚、五官の刺戟《しげき》に欺《あざむ》かれ、東から西へ、南から北へ、過去現在未来と転ぜられ、奔命《ほんめい》に疲れ果てて流転する肉体人間、群衆の心。その努力の如何《いかん》にかかわらず、求めてやまない本当の自由を、遂《つい》に永遠に知ることの出来無い肉体の人間。しばし足を止めて真理の声に耳を傾け、『生命の實相』の語る神の大愛に憩《いこ》いて、物質と自我の妄想の地獄より蘇生《よみがえ》り給え。生と長との無限の交叉《こうさ》する「生長の家」の真理の中に、「基督洗足《キリストせんそく》——趙州洗鉢《じょうしゅうせんぱつ》」の法語が貴方《あなた》を呼んでいる。マグダラのマリヤをすらも救い給いしこの御光が、老若男女を問わず、貴賤貧富《きせんひんぷ》を問わず、新天新地の祝福とともに、今、貴方を呼んでいる。

聖経『続々甘露の法雨』は「感覚主義、合理主義に陥《おちい》りて金剛不壊《こんごうふえ》の常楽身《じょうらくしん》を見亡《みうしな》うこと勿《なか》れ」と、肉体の歪《ゆが》みに気枯《けが》れる妄想を払い給い浄め給う。切っても切れない無指《むし》にして立つ指、現象を知らない清浄身、金剛身。人間神の子は常今《とこいま》に久遠生命の凱歌《がいか》を歌い、この生命の凱歌の中に限りなき自由と平安の祝福をうけているのに、何故にこの神の祝福に己が生命をうけようとしないで、夢想夢幻の肉体の声を自分の声と惑《まど》わされて、その声を主人公とし、神の御声を己れの下僕《げぼく》の様に生きようとしているのか。肉体人間より出て神の子の生きがいを得ようとしているのか。それが罪と云うものである。知って犯した罪も、知らずに犯した罪も、罪の価は死である。法則は必然であり、必ずや当《まさ》に臨《きた》るのである。当に臨り給うているのである。しかし、創造主なる宇宙の神は、無限の赦《ゆる》しであり給い、無限の救いであり給う。吾らの父なるこの無相の神のみが、罪を赦し、時空《じくう》を放って、無限生き通しの光明に蘇生《よみがえ》らせ給う権威であり、大愛である。遠く遙《はる》かなる今此処天国。父の国、母の国。いのちの国。神つまります生長の家天国浄土。

物質無、肉体無の真理とともに立てられなければ、すべての真理がそうであるように、肉体も環境も吾が心の影の真理も亦《また》、神の子の生命には何の関係も無く、この真理の声も、肉体人間の声に変貌《へんぼう》したのである。肉体人間は、所詮《しょせん》懐疑の固りであり、小智の合理に手をさしのべ、本当の信を知らないのである。彼が神に感謝し真理を呼ぶも、形式と概念の枠《わく》に制せられて、其処《そこ》に御霊《みたま》は来らない。現象の変化をみるも、なおかつ、曰《いわ》く、無所得《むしょとく》である。

真理を知ると云うことが、生きると云うことのはじめである。知らないと云うことが無明である。無明よりは光明は来《きた》らない。先ず『生命の實相』を読み法をうけるのである。そして、其《そ》の儘乗托《ままじょうたく》して生きるのである。順次回転すれば、現象の瞬刻の其処《そこ》に「今」があり、御霊よりの愛と感謝が展開する。この真理を、無理の無い自然の念《おも》いとならしめて、人々各自の生命を無限生長の道にあらしめるべく、大法輪《だいほうりん》は転ぜられている。肉体に歪《ゆが》められれば生命の御親を知らず、生命の御親を知らなければ其処に神の子の信仰はなく肉体人間の信仰である。肉体人間の信仰はたとい神を呼ぶも現象処理の所作事《しょさごと》に終って、生命の救いには到らない。

親鸞聖人も、弥陀《みだ》より廻向《えこう》された六字の名号《みょうごう》にのみ救いの光明をみたのであり、肉体人間を罪悪深重《ざいあくじんじゅう》の凡夫《ぼんぶ》と呼んで、真実あることなしと否定し遠離《おんり》したのである。物質を超えず、肉体を人間と観《み》る者は、如何《いか》に神を拝するも、その胸底には本来無い心が有るかの如く蟠踞《ばんきょ》して、自己自らを欺《あざむ》くのである。乱舞して神の光を晦《くら》ますのである。現象を有ると思う心の日々は、生死流転の日々であり、そのまま、十字の中心に帰り、此処に神を拝まなければ、その余の如何なる努力にも結実《みのり》にも、神の栄光を拝して絶対価値の輝きをみることは出来ないのである。絶対価値の輝きに、はじめて本当の生きる喜びがあり、相対価値を追う者は、無明に堕《お》ちて生きがいを失ったのである。

神の生命より来《きた》らず物質より来り、神の智慧によらず五官の知恵に化粧して、今此処天国を失って行くのである。人間の生活のこのような肉体の勝利のところに幸福が来るならば、イエス・キリストは神の祝福を象徴して、十字架上に己《おの》が肉体を滅《めっ》しはしなかったのである。神の子が神の御心《みこころ》に生れないで、時間空間の無明よりの現れに歪《ゆが》められ、物質と肉体に躓《つまず》いて、どうして真の幸福を享受《きょうじゅ》することが出来るであろうか。

これはあまりにも平明なる真理である。「久遠生命の神示」に心の耳を澄《す》まして、お前は一体何を求めているのだ、と時折厳しく、神の御言葉の前に立つことが大切である。敬虔《けいけん》な感謝の心で、神の大愛の御言葉を礼拝しなければならない。

生長の家は、五官六感の世界を存在するとみた迷妄《めいもう》が、浄められたところに輝きわたる妙法界《みょうほっかい》であると御教《みおしえ》を頂いている。超次元の豊かな色彩と具体の世界であり、光と音の和してなります世界である。明るく躍動するリズムと色彩が、豊かに音調とともに超次元の具体をあらしめる世界である。月影《つきかげ》の如くに澄み、花園の如くに多彩《たさい》なる天地である。

此等《これら》のすべての祝福とともに、この天地に生かされているのが、本当の人間・神の子の人間である。肉体が、物質が、これを晦《くら》ますのである。それ故に生長の家の信仰は、肉体がある、物質がある、と云う妄念《もうねん》を、貴婦人の衣《ころも》についた潰《つぶ》れた虫よりも、未《ま》だ未だ嫌なのである。肉体は何時《いつ》かは滅し、迷妄は必ずや当《まさ》に消え去る時が来るのである。これは必然の過程である。しかし、時は今である、と申されるのが神の御言葉である。神の世界には「今」より他には無い。御教《みおしえ》はこの福音《ふくいん》をかかげ給うたのである。

自己の生長が肉体人間の拡大にとどまり、心の手足の技《わざ》が主人公のように生きるところに、価値創造の生活は現前《げんぜん》せず、諸行無常《しょぎょうむじょう》の生滅《しょうめつ》が影を映ずるのみである。

無の奥底より、十字の中心の一点より、重現無礙《じゅうげんむげ》、円融無礙《えんゆうむげ》の澄み切りより、陽《ひ》が昇り、花咲き、鳥歌い、薫風《くんぷう》香り、久遠生命の凱歌《がいか》が聞える。現象は無であり、生長の家の御教は、神が渾《すべ》ての渾ての清浄信に、人間神の子の生命を導き給い、御親神《みおやがみ》の「一」なる無限の祝福を垂《た》れ給うのである。

(昭和二六年七月)

神想観の合掌

この頃胸底《きようてい》をはなれない思いを此処《ここ》に認《したた》めてみる。「物質無」この光明が生きないで今此処に「生命《いのち》の世界」を生きることは出来無い。現実の根本観念が「物質有《あり》」になっていては、今此処に「生命《いのち》の世界」の生活は生れない。それ故に、人間の本当の生活はかくあるべきだとの神の御声《みこえ》を素直にいかして行くことも出来無い。その知識や経験が如何《いか》に豊富であっても、その堆積《たいせき》は「生命《いのち》の世界」の生きる力とはならないで、その力故に割り切れない矛盾撞着《むじゆんどうちやく》に堕《お》ちて不信の徒となることもある。

「物質有《あり》」の観念に在りながら、自分が懐疑《かいぎ》の無明《むみよう》に覆《おお》われていないと思う者は、深く自分の心に沈んでみれば、心の奥底に必ず懐疑の 蟠《わだかま》 りが潜《ひそ》んでいることを見出す。これが罪であり気枯《けがれ》であると真理は告げ給うのである。そして又この苦悩を五官六感の力に依《よ》って折伏《しやくぶく》しようと努力するので、その収穫《しゆうかく》とみえるものにさえも何等《なんら》真実の収穫は無く生命はその縺《もつれ》を増して行く。「物質有《あり》」と信じて顚倒《てんとう》している心が、コトバの力に依って真理の念《こころ》を駆使しても、現象の功徳は現れる。現象顕現の心の法則にかなえば現れる。しかしこれは現象の功徳であって、本当の功徳である無限生命そのものではない。無限の功徳そのものは、現象を超えて「生命の世界」に内在する。所詮《しょせん》一度は、死の門関を透過《とうか》して生きる「生命の世界」である。この誕生この消息を導き生かす聖なる光明が生長の家の御教《みおしえ》である。この処《ところ》が如実《にょじつ》に生きて、現象の今此処に実相の永遠を生きる神の子の生活が誕生する。「神想観・今・ハジメ」此処に帰命《きみょう》し此処に誕生して神の子の生活に真理の書がその霊性を開眼する。この光明に生かされて、神の子が拝むべき聖なるものを本当に礼拝出来る処の至心《ししん》の礼拝がさきはえられ、此処に一切万事が生かされて行く。一切皆空《かいくう》の底にすみきる礼拝の心。これより大いなるものはない。大小の問題ではない。遠く遙《はる》かなる今此処天国。五官六感を超えて神の子が生かされる。教団本部道場の早朝神想観に坐しこの光明を拝し此処に生命《いのち》が恵まれて来る日々である。神様有難う御座います。神様有難う御座います。この感謝が滞《とどこお》るものなく虚空《こくう》に澄み通る超現象の感謝合掌を祈っての日々《にちにち》である。このバトンを七尾の掘静先生にお渡しします。

(昭和二六年七月)

或る日の道場での対話

「私は本当に生きがいのある生活を求めて、生きて来たのです。そして、今も、それを求めているのです。これがなければ駄目《だめ》だと思うものは、営々と努力をして、自分のものにする様にもしてきました。実行しなければならないと云うことは、実行する様にもして来たのですが、本当の生きがいと云うものが未《いま》だ得られないのです。本当の楽しみがわからないのです。じっと世の中の人を見ていますと、みんな生きがいを求めて生きていながら、五里霧中《ごりむちゅう》の中へ入ってしまって、何処《どこ》に生きがいがあるのだかわからずに、余り自信の無い心で手探《てさぐ》りする様に、あれこれと、刹那《せつな》々々に何かを求めて生きている様に思えてならないのです。私も、やはり、その一人なのですが、どうしたならば、生きがいと云うものを心の中一杯に、満足する迄入れることが出来るのでしょうか。この事を教えて頂きたいと思って、今日は、この道場へよせて貰《もら》いましたのです。」

◎「それはよく来て下さいました。此処《ここ》は、皆さんに、その生きがいをお与えする処《ところ》なのです。この道場には、その生きがいが満ち満ちているのです。生きがいと云いますと、心の底の底からの本当の満足と云うことですね。生きていて、その満足が得たいのは、ごもっともなことです。生きていることに満足出来たならば、人間は、はじめて幸福なのです。『生きていることに』と、私が云っている意味を、間違わない様に、これから、よく私の話をきいて下さい。若《も》しも、生きていることから心の満足が得られないで、何か外《ほか》のもので満足を得ようとしている間は、決して幸福にはなれないのです。たとえ、何がどの様になっても、その中には満足がないのです。どうですか、この話が、おわかりになりますか。」

「満足出来た心、満足出来ない心、と云って貰《もら》いますと、自分達が普段に使っている言葉ですから、よくわかった様な気もするのですが、其処《そこ》の処《ところ》を、もう少し説明して下さいませんでしょうか。」

◎「それは、本当に満足出来た心とは、非常に宗教的な心なのです。生長の家で云うところの『現象の心』ではなく、『実相の心』なのです。神の子の心なのです。このままで、ひとりでに自然と、うれしくて、有難い心なのです。そして、感謝が、深切が、思いやりが、出て来る心の根です。満足出来ていない心と云うのは、不平不満のつまっている心です。空虚でものたりない心です。相手にかまわず、時と場合にもかまわず、自分の念《おも》う通りにしてゆきたい、勝気な我《が》の念《おも》い、思い切りの悪い残念無念の念《おも》い、こんな念《おも》いの浮かんで来る心です。生長の家の信仰を続けていてくれますと、この二つの心のいれかえが出来るのです。これを、本物の心と、ニセモノの心と云う様にわかりやすく云っております。この二つの心のいれかえが出来て行くこと位《くらい》、私達の生活に重大問題はないのです。誰もみんな、物質の方のことばかりに心をつかって、このことを余り考えてみないので、気がつかずにいるのですが、このこと位、重大な問題はないのです。正《まさ》にこれは、生と死との分れ目なのです。」

「有難うございます。これで、満足出来た心と、満足出来ない心との意味が、一応解った様に思います。私達の人生にあって、この心の入れ更《か》えが如何《いか》に重大なものであるか、と云うことは、はっきりと心に入りました。次に、又、質問したいことが出て来ましたが、質問してもよろしいでしょうか。」

◎「どうぞ。」

「そうしますというと、この世の中のものを、どんなに自分の気の向く儘《まま》に、好き放題にしても、そんな生活をしても、有難いと云う感謝の心を知らなければ、満足した幸福な生活は出来ないのですか。そして、又、誰もが、外界を自分の自由にして、それによって、自分の幸福を、これからつくり上げてゆこうとしているけれども、それだけの努力では、掌中《しょうちゅう》の珠《たま》の様な、一番大切なものを落してしまっていると云うのですか。」

◎「それは、貴方《あなた》は、実に実に、大切なところに気がついてくれましたね。貴方の心は、今幸福の扉のところに立っています。それで、貴方は、実際の生活、日常の生活にとって、魂が目をさます、と云う、信仰の上で云うことが、どんなに切実に必要なことであるかがうなずけますでしょう。物質の方だけをみて、それを取扱い、其処《そこ》から出て来る色々な考えだけで生きて行ったのでは、到底《とうてい》、人間は幸福になれないのです。何時迄《いつまで》たっても、幸福は自分の心に描いている夢にすぎなくなってしまいます。本当の信仰のある生活をする様になる迄《まで》は、人間は、現実の生活を、生きがいのある生活に生きて行くことは出来ないのです。本当の信仰、即ち、本当の神様を正しく信じた心を、わがものとするまでは、自分の思い通りに、人を動かしても、自分の生活をはこんでも、決して、其処《そこ》に生きがいは無いのです。五官の心が酔い爛《ただ》れても本当の心は空虚なのです。ほっと、独《ひと》りになった時など、寂《さび》しさの様なやりきれない心が襲《おそ》ってきたり、混乱の念《おも》いにふらふらと乱痴気騒《らんちきさわ》ぎの様に駆立《かりた》てられたりするのです。本当の神様に感謝して、人間は神の子であることを信じて、なみなみと幸せな感じが溢れて来る様になれた人が、本当の幸福の中へ入れた人なのです。生長の家の生活は、この様になって、この生活を生きられる道を、教えて頂いている生活なのですから、素晴しいではありませんか。物質を、どの様に自由にしても、生きていることが、其《そ》の儘《まま》有難くならなければ駄目だと、先程云ったのは、このことです。自由、自由と云っても、自由の味もわからないのです。心が、自主的に自《おの》ずから満足しない自由などは、自由と云う観念の形容詞を合理的につかっている、自由ならざる自由、中味のカラッポな自由です。仏陀が本当の自由です、神の子が本当の自由です。そして、真の自由は、神の子の生きがいの感謝の中からのみ生れて来るのです。生きていることが有難くならないで、人間そのものが、無限価値の有難い存在であると云う真理を知らないで、物質の変化によって生きがいを、幸福を得ようと思っても、千年待ったとて、生きがいも幸福も、訪れては来ません。それであるのに、物質があると念《おも》い、物質に力があると念《おも》い、物質の中に生きがいが宿っていると念《おも》って、物質の変化によって、幸福が来たり不幸が来たり、生きがいが来たり来なかったりするのであると、物質に執《しゅう》して眼を覆《おお》われてしまっているのを、人間の根本無明と云うのです。この無明《むみょう》に捉《とら》われて心につかんで放たないでいては、神様がくださった幸福に自分で背をむけているのです。『物質は無い、現象は心の影だ』と云う、生長の家の真理を知らないで、この真理に反する観念から、どんな主義主張をたて、どんな生活を生きて行っても、本当の生きがい、魂の底の底からの生きている喜びは、遂《つい》に、永遠に、生れては来ないのです。イエス・キリストも、『真理は汝《なんじ》を自由ならしめん』と、申しておられます。私達の、生きがいは、幸福は、神様から頂くのです。この世の中を、本当の幸福の満ち満ちた善なる世界にして行くには、文化の発展、科学の生長、政治の改善などと云う、人間世界の努力だけではどうともなるものではないのです。」

「よく解らせて頂きました。有難うございました。最後に、もう一言質問させて頂きますが、それでは、私達が、本当の信仰の無い心で、毎日一所懸命働いても、幸福には逃げられてしまうし、本当の信仰を持った人のところには、生きがいや、幸福が、訪れて来るのでしたならば、本当の信仰を持ってさえおれば例《たと》えば、勤人《つとめにん》が、朝、勤先の時間を守って、きちんと出勤するとか、商売をしている人が、今迄一所懸命していた様に、店先を綺麗《きれい》に気持のよい様にひろげる様にするとか、そんな毎日の生活の努力は、いらなくなるのでしょうか。」

◎「これは、又、大変大切な質問ですが、そう早合点《はやがてん》されては、こまります。決して、毎日の努力がいらないのではなく、信仰しているから少しは懶《なま》けてもよいと云うのでもありません。本当に信ずればよい信仰をもった心で生きて行くと、神様が、その無限の御力で生かして下さって、生かされて生きて行く様になるのですから、努力も楽しい心で出来る様になり、苦難が来ても、それに負けずに、その中からも結局は、喜べる結果を手に入れられる様になり、常平生《つねへいぜい》の毎日も、そのままで、心ののびのびしたうれしい生活になれてくるのです。心も物質も、何もかも、神様の御光《みひかり》の波となって動いて、文化の発展も、その他何もかも、みんな、本当に、私達の人生に、素晴しい祝福を生み出してくれる様になるのです。神様に生かされて生きて行く、神の子・人間の幸福が、現実のものとなってくるのです。現実のものとなると云うことは、実際が、本当に、その様になってくると云うことです。この幸福を頂く迄は、人間は、本当に、生きている喜びは、わからないのです。神の子・人間の信仰をもって、神に感謝しながら、みんな仲良く、助けあい、愛しあって生きて行く様に、人間の魂が生長しなければ文化が発展し、科学が生長し、この世の中の有様が、どんなに変って行っても、それだけでは、人間の生活の幸福は生長しないのです。発展した文化の中で、生長した科学の中で、以前よりは複雑な相《すがた》で、不幸も絶えないし、人生の味も、かわらないのです。文化も、科学もそれらの価値も正しく認めながら、それらを超越して、絶対の神の有難さを拝める信仰が必要なのです。この信仰を、『神の子』の有難さの中から、『今此処《ここ》』に、拝むのが生長の家の信仰なのです。それについて、生長の家の教《おしえ》を見出して、感激おく能《あた》わず、谷口先生の処《ところ》によこした一青年の礼状が、此処にありますから、読んでお聞かせしましょう。これは、高知県の今野《こんの》静雄と云う青年の手紙です。……

拝啓、この度、『新生の書』を御発行下さいまして、谷口先生に、幾重《いくえ》にも幾重にも、尽きない感謝の念と御礼の言葉をのべる次第で御座居ます。先生、それは、私の様な名も無い一介《いっかい》の青年が、日本国内において数無き先生の御言葉を頂くなんて事は、真に幸せなことです。『新生の書』を手にした私はこうしてペンを取らずには、居られなくなりました。先生私は過去現在共に、最も向学心に燃える者で、一時は肉親の反対迄も押し切って、都会に出て上級学校に入学しましたが、家庭の都合上已《や》むを得《え》ず退学し、それ以後は、工員に農夫に漁夫に転々して五年間、好学の心に燃えながらも、自暴自棄《じぼうじき》となり、自分と云うものを物質の奴隷《どれい》にして現在に到りました。或る日ふと書店の前に行き、何気なく見ていますと、奇蹟的に、『新生の書』が目にうつりました。目次だけを見て二丁余りも帰りかけましたが、どうしても頭の中から去らず、引返し、持合《もちあわ》せが少々ありましたのを幸《さいわい》、それを求めて家に帰り、食事前に、まあ、と思って、内容を読みはじめました。その時、私は、救われた！と、人の居ないのを幸、瞬間的に叫声《さけびごえ》をあげたのでした。先生、笑ってやって下さい。現在も、余暇のあるごとに何回となく読みかえしている私です。先生、私は、この本を手放す事が出来ません。もっと近ければ、直接先生の御指導も頂けるのだがと考えている私です。現在では、何か本当に社会に貢献《こうけん》出来て、神をこの世に生きる一人になりたいと、東京日本貿易局の速記士《そっきし》の勉強に励《はげ》みつつあります。この手紙を読んで頂ければ、私の喜びはこの上の無いことです。行く限り見渡す限り神満《み》てり……と祈り、朝夕、神の言葉を忘れません。天地のはじめは、今をはじめとすることわりあり……。有難うございます。」

「有難うございます。その人の喜びの様に、私の心迄が、ふるえてきた様な気がします。私も、今日を御縁に、生長の家の信仰の道から生活を生きさせて頂きます。生きがい、幸福、それが夢に終らない生活、唱《とな》えていると、それだけでも、心が明るくなってまいります。」

（昭和二七年二月）

いのち立つ生活 ――光明遍照の世界――

先《ま》ず今此処《ここ》に、自分の中《うち》から、神の生命《いのち》を拝み出して行かなければならない。十字の中心の礼拝《らいはい》でなければならない。至誠《しせい》の宿った只管《しかん》の礼拝でなければならない。御《み》心《こころ》を信じて、その儘《まま》有難い礼拝でなければならない。

貴方《あなた》が、拝む心を生かしてゆくことは尊いことである。しかしながら、その礼拝が、如何《いか》なる生命《いのち》の立った礼拝であるかによって天と地が別れるのである。真実と概念、実相と現象とが別れるのである。形には、光もあれば暗《やみ》もある。神の生命《いのち》より来たものもあれば、五官の感覚より来たものもある。「肉の欲《ねがい》によらず、人の欲《ねがい》によらず、ただ神によりて生れしなり。言《ことば》は肉体となりて我らの中《うち》に宿りたまえり」と、生きて輝く礼拝が神想観の礼拝である。ハジメなくオワリなく無指《むし》にして立つ礼拝である。現象はその儘《まま》無にして、晴れてよし曇りてもよし富士の山元の相《すがた》はかわらざりけりの金剛不壊常楽《こんごうふえじょうらく》の礼拝である。この礼拝が、「生長の家」の拝む心であり、この礼拝によって生長の家の信仰は、相対二元を超えるのであり、物質を超えるのであり、現象の心を超えるのであり、今此処《ここ》天国光明三昧《さんまい》の世界に生かされるのである。至心《ししん》であり、生かされて生きる神の子人間であり、肉体と肉体の心は、有に非《あら》ず無に非ず、影であり反映である。この礼拝、この至心の今に非ざれば、人は、已《おの》が実相を置き忘れた肉体人間であり、神のコトバもその霊性を失って、観念の念となり、万行《ばんぎょう》も大生命の大行よりは来《きた》らない。諸行無常の正観の底に端坐した道元禅師の只管打坐《しかんたざ》も、煩悩《ぼんのう》具足罪悪深重《ぐそくざいあくじんじゅう》の底に親鸞聖人《しんらんしょうにん》の帰命《きみょう》した六字の名号《みょうごう》も、肉体を超脱してかかげ給うたキリストの十字架も、神想観に輝く光明の放射円成現前《えんじょうげんぜん》である。生長の家に輝く、生死即涅槃《しょうじそくねはん》の不老不死なる生命《いのち》の現前が神想観である。

この光明が、物質を有ると念《おも》い、肉体が自分であると念《おも》って築き上げて来たニセモノの自己を浄《きよ》めて、今此処に立たなければ、仏智も、神行《しんぎょう》も、科学の発展も、文化の流れも、真の自由と幸福を現実世界に招来《しょうらい》することは不可能なのである。今の現実は永遠に神の平和を享受《きょうじゅ》することが出来ず、神とは現象に制せられて、心の幻想に去来する存在であり、安らぎにすぎないものとなるのである。或いは精神的な、或いは物質的な、その貴方の持物が如何《いか》に貴重な価値高いものであったとしても、神より来たのでないニセモノの自分の掌中《しょうちゅう》にそれをおさめて生きていたのでは、生死流転の起伏を流転するのみであって、本当の生きがいを知ることは出来ないのである。神を知ってなおかつ、神無き虚《きょ》の力に己れをゆだねる無自覚さである。これ、神一元光明一元に帰命《きみよう》せず、物質有《あり》肉体有《あり》の五官六感の根本無明が残るからである。されば、生長の家の御教《みおしえ》は、物質を肉体を其《そ》の儘《まま》無と去って、神の生命《いのち》を今此処に礼拝する神想観の礼拝に端坐して、この身の生涯を新生するのである。

救いは実相を今にとりもどすことによってはじめて得られて来るのである。実相をとりもどすとは、即ち、実相が実相を観ずることに外ならない。実相が実相を観ずるとは、神想観のことである。神想観は絶対行《ぎょう》そのものの誕生である。大行《たいぎょう》であり真行《しんぎょう》である。一切行《いっさいぎょう》の一なるその儘《まま》である。この観によってあらしめられて、一切の行《ぎょう》はその儘《まま》絶対行であり、肉体人間の生活が神の子人間の反映となり、地上に天国が開けるのであり、観行《かんぎょう》は一如《いちにょ》である。一切の行の値打ちを如何《いか》に高くかかげ、如何に真剣に行じても、肉体人間が今の貴方であるなれば、その行は実相を知らずして現象の流転にとどまるのであり、この様な根底から来る一善一行によっては、神を今に生きることは出来ないのである。如何なる種類のものを如何程《ほど》に積み重ねても現象の流転であり、色即是空《しきそくぜくう》の諸行無常《しょぎょうむじょう》である。五官六感の意識を根底に今を生きていたのでは、神の子の生活は生れて来ることは無い。五官六感を超脱し、無の門関を超え、現在潜在の意識の奥なる実相の生命《いのち》に帰命し、実相の生命《いのち》が誕生して、神の子人間の生活が自己顕現《じこけんげん》したのが三百六十度回転した現象世界の風光である。無一物中無尽蔵であり、説示一物即不中《せつじいちもつそくふちゅう》であり「現象無、無物質」の光明に照射されて、はじめて、現象即実相であり、生死流転《しょうじるてん》を生死涅槃《しょうじねはん》に復活現前するのである。この門関を、正《まさ》に住する所無くして透過《とうか》しなければ、現象に功徳を招来するも神の生命《いのち》の放射円成《えんじょう》ではない、本来無いものの刹那生滅《せつなしょうめつ》の流転である。喜ぶと云っても五官の心の喜びであって真実誠の喜びではない。私達は喜びを浄めなければならない。神より恵まれた神の子の喜びを喜び生きる日々《にちにち》でなければならない。肉は益無し。五官の心に晦《くら》まされて、玉石混淆《ぎょくせきこんこう》するのである。万行も空しく生死流転の中に殄滅《てんめつ》するのである。されば、神の生命《いのち》に行なわれて本当の人間神の子人間が誕生し生活するのが、神想観の生活である。神想観は天国浄土の祈りである。超現象の祈りである。有るものを有らしめ、無いものを無からしめる、大神呪《だいしんじゅ》、大明呪《だいみようじゅ》、無上呪《むじょうじゅ》、無等等呪《むとうとうじゅ》なる絶対力そのものの現前である。無条件礼拝である。神想観に生きなければ、五官六感の凹《くぼ》みに堕《お》ちて、素直に神を信ずると云うことは出来ないのである。本当の信は得られないのである。五官六感の凹みに堕ちれば、其処《そこ》に起きる信仰信念は、至心《ししん》の信仰信念ではなく、現象の転変である。ここの黒白《こくびゃく》を見分けるところに、神の子人間の信仰が誕生する。神想観と倶《とも》に立たない信仰は、唯物的な混濁《こんだく》の混入を浄め尽すことが出来無い。若《も》しも、出発点が、五官であり物質であるなれば、それは、生命《いのち》の虚であり、実相を離れた信仰たるを免《まぬか》れないのであり、無明がたちのぼって神を観《み》ることは出来ないのである。神想観の只管《しかん》礼拝《らいはい》を歪《ゆが》めないことが、生と死との鍵《かぎ》である。

○

吾々は、生滅流転する現象界の功徳《くどく》によって救われるのではない。その処《ところ》に、何かがあると妄想し、心を起し、心を労して、現象の功徳を追うて走る時、永遠に救われることがない。吾々は、実相が、唯一絶対であり、既に救われている神性仏性である、と云う事実によって救われるのであり、この真理は、現象の無を透過《とうか》して、実相に帰命して果されるのである。現象は影であって、力が無い。プラスでもなければ、マイナスでも無い。一切現象の無を正観し、この儘《まま》現象を超脱して、実相に礼拝帰命し、信心決定《しんじんけつじょう》することが、救われると云うことである。無功徳一切功徳の享受《きょうじゅ》である。この生命《いのち》が生かされて行くのが、神を信ずる信仰生活である。現象を超えなければ、救われると云うことはあり得ない。本当の生きがいの満ちた功徳の華《はな》も亦《また》ひらかない。神一元の礼拝の至心《ししん》をはなれ、現象の功徳、現象の相《すがた》を、相対二元の五官の心によって云々《うんぬん》して、神の救いを有無する時、語る言葉は、如何《いか》なる状態の時に、如何なる言葉をあげても、神によってゆるされたものではなく、未だ、天地に満つる御光に、その儘《まま》生かされる第一義実相の法悦も来《きた》らない。現象を超えて、神一元の絶対の信心を決定《けつじょう》し得て、はじめて、法悦であり、法楽であり、天国であり、極楽である。神想観の礼拝に摂取《せっしゅ》されて、この救いは、成就されて行くのである。聞法《もんぽう》し、行法《ぎょうほう》して、その消息に生かされて行くのである。正《まさ》に、今此処が、相対観念の流転ではなく、平常無事の其の儘に、大行であり、絶対行であり、前後際断《ぜんごさいだん》、忽然忽然《こつねんこつねん》、不連続の連続、今即久遠の生長の家の生活である。招神歌にあって「吾が生くるは吾が力ならず、天《あめ》地《つち》を貫きて生くる祖神《みおや》の生命《いのち》。吾が業《わざ》は吾が為《な》すにあらず、天地を貫きて生くる祖神《みおや》の権能《ちから》」と、拝唱の言霊《ことたま》に、この消息を生かされて行くのである。

相《すがた》は、様々に展開するが、神に生かされ真理を生きる、その御霊《みたま》は、この事をおいて外《ほか》にはない。此処《ここ》が晦《くら》まされる時、如何なる道が掲げられても、其処《そこ》は、その道と異なるものが主人公の如く生きる現象流転の世界であって、掲げた道が神によって主人公となって、この世を光明遍照の世界に生長せしめることは出来ないのである。

「実」と「虚」とが、同一線上に握手してはならない。相対《あいたい》してはならない。実は実であり、虚は虚であり、品位と風格の峻別《しゅんべつ》が果されて、今此処は、根本無明をはなれ、二元の天地を透過して、神の子人間が今此処天国に生かされるのである。生長の家の御教《みおしえ》は、この光明をかかげて、万《よろ》ずの生命《いのち》を照射し給うのであり、キリストの十字架も、ひとつ光明の顕現である。

神様、有難うございます、と、神の子の純一無雑な素直な心を、生命《いのち》の底からかかげよう。実相の有難さを置き忘れて、おかげの有難さのみを感謝していると、何時《いつ》か、その光明が消えて行く、若《も》しも、この様な感謝であったなれば、おかげの有難さを如《い》何《か》に感謝しても、神の子人間の有難さ、霊々妙々なるこの素晴しい有難さを、現象無、肉体無の無の一点を透過して礼拝感謝する心から生れて来なければ、其《そ》の儘《まま》素直に有難い、神の子の真心よりの感謝ではない。神想観は、この感謝の御霊《みたま》である。無限絶対の感謝である。天国浄土の感謝である。神想観に神の子の有難さを拝んで、この感謝の生命《いのち》の眼が、次第次第に醒《さ》めて行くに従って、天地一杯に満ち満ちている神の御《み》光《ひかり》がひらけて行くのである。匂《にお》い高く天なる絶対の香りがあれますのである。実相を其の儘今此処に観《み》る神想観。生長の家の御教に授けられる、神光遍満《しんこうへんまん》のこの天国の祈り。この至上の有難さを其の儘に、神への全托に生命《いのち》あらしめ、神の子人間の信念が生かされて行く。この霊性を、大信心の霊性を見失ってはならない。歪《ゆが》めてはならない。此処《ここ》が混沌《こんとん》として、神の子人間を現象人間に妄想し、影に制せられて、六道を輪《りん》廻転生《ねてんしょう》するのである。

(昭和二七年三月)

すべての根元なるもの

すべての根元は「実相」である。この根元にはじめに生きる心は、拝む心である。至心礼拝《ししんらいはい》の拝む心である。この拝む心は、私が神を拝む、自分が彼を拝む、と云う心の奥に生きる拝む心である。そして、私が神を拝む、自分が彼を拝むと云うところに、本当の拝む心の光明をあらしめる拝む心である。至心は其の儘《そのまま》の心である。一心に心乱れず、其の儘に、深く切に信じて余すところのない至極の一心不乱《みだれず》である。拝むということの生命は一体と云うことであり、一体になれば生命が生きるのである。一心不乱《みだれず》と云うことは又、小人が生長して大人になり、その大人の儘《まま》に小人に還《かえ》った様な心である。即ち、一切をあげての純一への統一である。一切あるがままに其の儘に、無の一字に透過された光明三昧。この心が、神の子が歪《ゆが》みなく生きた実際の心である。本当の拝む心である。この心が、一時《ひととき》「静」にかえって実相を観ずる、この寂静が一切の「動」をして真実のこもった「動」ならしめる根元、一切すべてに神の生命が生きる根元である。吾等《われら》の日々行ずる神想観は、即ちこの静なる行《ぎょう》である。それ故に神想観は、一切行の根元をなす絶対行の初発心《しょほっしん》である。其処《そこ》はこの世の太初《はじめ》である。太初であるとは、実相であると云うこととひとつである。実相にあっては、「ある」と云うことは「なる」と云うことに外《ほか》ならない。「あるもの」は、それ自《みずか》ら、なりなりて無限に生長し開顕《かいけん》する。三密相応《さんみつそうおう》を顕現する。根元になるものが身口意《しんくい》三相応顕現すれば、この世に真《まこと》の天国が現成する。されど、身口意を三相応せしめて生きようとするところに発心《ほっしん》の起所《きしょ》、発心の基盤を持つ者は、実相を生きることは出来ず、其の儘現象に転ぜられる。この迷いをはなれ、今此処に、身口意三相応して生きる生命の実相を観じ得て無為自然《むいじねん》。此処に言《ことば》なりなりて、身口意を発心して生きる者が即ち神の子である。

　神の生命は無礙《むげ》なる光明であり、なりなりてなりひろがりてとどまるところなく、欠くるところがない。「なり」は「コトバ」であり、コトバが大海原《おおうなばら》の水の如く満ち満ちて、果てしも知れず余すところがない。されば、暗《くらき》を持たず、光明の言《ことば》に満たされて太初《はじめ》にあるものが実相であり、すべてのものの根元である。この根元が今此処に樹立することが、神の子の聖なる誕生である。今此処とは時間空間の中ではない。無時間無空間の今此処である。この樹立が無為自然の至心礼拝に発心《ほっしん》する。この無為自然の至心礼拝が自己自身の生ける本体となれば、己《おの》れの生活に天地の道がひらけてくる。

暗の彼方《かなた》より光明の来たる如く、肉体の奥より神の子の生命が生きて来る。永遠の死を通して、「今此処」に、永遠の生命がひらけて行く。ハジメなくオワリなく生き通す不生《ふしよう》の生なる本来生。来って来るところなく、去って去るところなく、過現未来に非《あら》ず、一時に一切時を尽し一所に一切所を持ち、坐を立たずして千里の彼方《かなた》に到り、生死の儘《まま》に生死無く、生死即ち涅槃《ねはん》を今此処に顕現するもの。これがすべてのものの根元なるものであり、実相である。この根元が人々各自の心に明らかに立って、この世は光明常楽の世界を実現する。この心に貫通されて道徳も、科学も、政治も、経済も、はじめてそれ自身の真価を狂いなく実際生活の福祉の増進の上に発現し、この世の現実は、一歩一歩と無限に天国浄土の荘厳を現しつづけて尽くることがない。

此処にはっきりと知らなければならないことは、根元とは渾《すべ》てと云うことの別名であると云うことである。かりに根元を樹木の根に譬喩《たと》え、枝葉の繁茂《はんも》をこの栄えに譬《た》喩《と》えて考えるなれば、根は樹木の一部分である。この様に根元と云うことを考えれば、根元は渾《すべ》ての別名とはならない。しかし、その様に考えるのは脳髄知識が主人公となって観《み》た結果であって、真理の智慧に立って観たのではない。樹木の生命に迄入って観れば根はすべてである。否《いな》、根の底に生き、根よりさきはえ出《い》で一樹の繁茂《はんも》をなす根元、「樹木なるもの」が樹木の渾《すべ》てである。この譬喩《たと》えによって知る様に、根元を実相と知り「一」と知り、他者無きものと観ることが出来なければ、根元になるものとの言も、はじめからそれ自体の本当の意味、本当の生命が取扱われず、概念知に堕《お》ち、生命のこもらない影絵の様な根元が脳裏を浮動し、根元を語り、根元を取扱い、根元を生活にもちきたしても、その真価は発揮されず、いたずらに自他分裂、個在の現象界に風塵《ふうじん》の如くにその紋様《もんよう》を流転せしめるばかりである。得不得《とくふとく》の種々相を現ずるも現象の流転を超えるに到らず、久遠の光明遍照界に生起することは出来ない。

実相に相対して時間空間が今此処にあると妄想すれば、今は太初《はじめ》を知らず、言は道より来たらず、為に、ヨハネ伝福音書第一章に語られている「太初に道《ことば》あり、道は神と偕《とも》にあり、道は即ち神なり」の本当の光明が現象を透過して今此処に生きて立つと云うことは出来ない。肉体に立った意識、現象意識が近代知性の粧《よそお》いにたかまり、そして神の心を手中におさめて今此処に展開しても、本当の自分、生命なるものにとっては一毫《いちごう》も益なきことである。肉は益無しである。コトバが「道《ことば》は神なり」の御霊《みたま》を失い、「言《ことば》は神なりき」の世界に己れの現実が転落すれば、神の子の生命は生きず、念は実相より来らず、正念正行生きず、神の御心のまにまに生きようとの努力も自力《じりき》作善《さぜん》の虚仮不実《こけふじつ》のものに迄低落する。神をはなれるのは忽然《こつねん》の一時である。そして、肉体が、物質が現実の主となり、肉体が、物質が現実の主となる生活の故に、遠く実相安楽の浄土をはなれ、現実の得不得の如何にかかわらず、永く、六道四生《ろくどうししょう》を輪廻《りんね》する。されば、神の子人間が、先ず実相を観じて神の国とその義を求めよ。これを至《し》心礼拝《しんらいはい》の今の心、この正しきによって求めよ。そして祈る時既にこれを受けたりと感謝せよ。これが即ち神想観の礼拝である。

　人間なるものの自覚が唯《ただ》に理性的に正しく把握《はあく》されているところに心をとどめず、肉体無、物質無の無礙《むげ》の通路を通過して、実相と現象がひとつに澄んではじめて、実相一元、神一元の実際が実現し、「人間なるもの」「本当の人間」「神の子人間」が目をひらき、息をふき、生きて歩むのである。東西南北四維上下《しいじょうげ》、宇宙の一切と円融交《えんゆうこう》叉《さ》して生きて歩むのである。釈尊は、この生ける現実の今に立って「有情非情同時成道、国土山川草木悉皆成仏、天上天下唯我独尊」と礼拝し讃嘆し給うた。唯我独尊の唯我とは、肉体の釈迦ではなく、東西南北四維上下、全大宇宙の一切と円融交叉《えんゆうこうさ》して生きている「一」にして、円満完全大調和の「実相」のことである。この生命動き出《い》でてコトバとなれば、一切の現象展開して万物成る。これは、聖経『甘露の法雨』に語り給う御言《みことば》である。根元と渾《すべ》てとはひとつであり、交叉《こうさ》無限、超次元のスミキリの久遠の今に生きて、眼前に風光を円成《えんじょう》する。「今を生きる」とは御教《みおしえ》の語るモットーであるが、この消息に立ってはじめて、その言葉の語る本当の意義を生かし、この身此《こ》の儘《まま》神の子人間が天国浄土に生活する。この様に、すべての根元なるものが己れの生活の内奥《ないおう》から誕生して来なければ、如何なる営みがこの地上におろされても、その価値は、人間なるもの、神の子人間の久遠の喜びを開顕することは出来ず、地上の生命は恰《あたか》も鏡中の花を得ようとする如く、由無《よしな》く理想を追い求めなければならない。

肉体無、物質無の至極のところに天地の大道がなりひらき、法爾自然《ほうにじねん》の世界が生きている。この光明がなければ言あれどもその言には御霊なく、行《ぎょう》あれどもその行は実相より来らず、自力作善《じりきさぜん》の域に堕ち、神の御心をはなれて現象意識が主人公の立場にすわる。それ故に、信も亦《また》「神の子の其《そ》の儘《まま》の信」は生きず——神の御心によって信ぜしめられ、直心直下《じきしんじきげ》に掌中《しょうちゅう》に宝珠《ほうじゅ》の生ずる如くに其の儘、神を実相を信ずる信は生きず、「吾、神を信ず」「吾、真理を信ず」と云うも、それは一種の現象意識の仮作《けさ》する虚仮《こけ》なる信の強弱にすぎず、真実の信ではなく肉体の信である。この信によっては今を久遠に超越せしめることは出来ない。

「信」は生命の本質であり、本当の信は人間の本質への全《まつた》き信頼であり、神の生命への全き信頼であり、実相そのものへの全き信頼である。この「信」は神より来り、これに乗托《じょうたく》して救いが成就される。そして又人は種々なる魂の段階にあって、その信ずるままに、その信の内容にふさわしく己れの生活を展開して行く。イエス・キリストは「汝の信ずる如く汝に汔なる《なんじ》」と仰《おお》せられたが、神より出《い》でて神に帰る消息に立っての生命の本質への全き信がなければ、久遠生命の全き救いは完成されず、現象を流転する念力の強弱が、信の住居に蟄居《ちっきょ》する。本当の信は不動である。現象の種々相の中にあって不動である。「信」の実相を失ってはならない。至心に神に帰命《きみょう》して活《かつ》眼《がん》し、五官に晦《くら》まされず、実相と現象との混線をはなれ、真と偽とを峻別《しゅんべつ》しなければならない。この正純無礙《せいじゅんむげ》なる力量は、肉体無、物質無に浄化された神の子人間の自覚より生れ、法悦感謝の至情に満ちて愛他行にすすみゆくのである。

今、何処《どこ》に生きているか。生命が勝利しているか。肉体が勝利しているか。物質現象に立っているか。霊的実在に立っているか。脚下照顧《きゃっかしょうこ》、脚下照顧。永遠なるものを、無限なるものを、神の生命を、本当の自分を真に愛する者は、この脚下照顧を疎略《そりゃく》にしてはならない。永遠の死を通して永遠の生に甦《よみがえ》り、現象無、肉体無に廻心《えしん》して神の子人間の本当の自分が生きて行く。此処《ここ》より、この一点より今がひらけて、本当の悦《よろこ》びが己れの生活を潤《うるお》すのである。人間は誰でも悦びたい。否、生きとし生けるもの、ありとしあらゆるものはすべて悦びたいのである。悦びが生命の本質であるからである。しかし機縁《きえん》熟して、神の御光に己が生命が照射される迄の間、人の魂は本当の悦びを知らず、常暗の世界にあって、本来無い五官の我の悦びに晦《くらま》され、心が錯覚顛倒《さっかくてんどう》しているのである。本当の生命「自分なるもの」の悦びと、五官の陶酔《とうすい》との顛倒混乱、これこそ地上に平和の来《きた》らない根本原因である。生長の家の青年はこの顛倒混乱を、肉体無、物質無の自覚によって超脱しなければならない。其処《そこ》に神の子人間の信が生き、行《ぎょう》が自展《じてん》する。明日への準備が、取越苦労ではなく、産卵期の小鳥が自《おの》ずからにその準備のために巣をつくる様に、明日への準備がなされて行く。そのように「今を生きる」行がなされて行く。智慧と愛との十字交叉にひらけ行く「行」がなされて行く。それは取越苦労の生活でもなく、無用意の生活でもない。自我の作為《さくい》が中軸をなす生活ではなく、神によって生かされて、無為即作為の生活である。風は花裏《かり》に通《かよ》って香《かん》ばしく、好雪片々《こうせつへんぺん》として万象寂静《ばんしょうじゃくじょう》の消息と道をひとつにする生活である。実相世界は物質に執せず、個我に著《ちゃく》して相対《そうたい》せざるが故に、一点にして無限であり、無限にして一点である。自他一体、光明三昧、分割することの出来ない「一」なる端的、自然にスルとラレルの循環する御心のひらく愛の世界、日々是好風光《こうふうこう》の妙法境《みょうほうきょう》。この「一」を今此処に樹立するのが神想観であり、神想観は実相より不来《ふらい》にして来《きた》る。かくして物質を超え、肉体を超え、廻心《えしん》の光明に「今」を超入して、生かし合いの天国浄土が現実に実現される。物質と個我に執すれば、真理を展開するも諸行無常の風塵《ふうじん》に影絵の如くその紋様《もんよう》を描くにとどまり、実相久遠《くおん》の金剛不壊《こんごうふえ》なる風光を生きることは出来ず、今は久遠をはなれて刹那生滅《せつなしょうめつ》の死境に沈む。今を久遠に住すれば刹那の生滅にも久遠常楽、天人伎楽《てんにんぎがく》を奏《そう》する法界を現成する。すべての根元になるものに至心に礼拝し超入し、神の子人間が其《そ》の儘《まま》自然の信となって生きる生活は、人間生活の最高理想を実現した生活である。

（昭和二八年一月）

幸福とは何でしょう

皆さん、幸福とは何でしょう。そして又、何処《どこ》からどの様にして、私達の処《ところ》へ訪れて来るのでしょう。浦島太郎は亀に乗って龍宮城に行き、いたれりつくせりの何不自由ない生活をしたと云う話が、古くから日本の国に語り伝えられております。しかしそれは単なる御伽噺《おとぎばなし》にすぎないと皆さんは考えられるかも知れません。御伽噺と云ったら、実際の生活には無い唯《ただ》の物語、作者が夢に描いた物語にすぎないのですが、浦島太郎の物語は、唯の夢に描いた物語ではないのです。皆さんの毎日の生活に実際に出て来る生活の話なのです。現実味豊かな話なのです。しばらく先をお読み下さい。浦島太郎の事業家、浦島太郎のサラリーマン、浦島太郎の農夫に皆さんがなれたなれば、皆さんの毎日の生活から、幸福が溢《あふ》れ出て来るにちがいありません。それは夢の様な話だとお考えになるかも知れませんが、これを夢の様なことだと考える人は、未《ま》だ本当の幸福を知らない人です。本当の幸福に背をむけて生活している人です。貴方《あなた》の生活には、未だ幸福が訪れて来ていないでしょう。不幸が、悲しみが、不自由が、生活の中に巣喰《すく》って、貴方を苦しめているでしょう。この『光の泉』を熟読翫味《じゅくどくがんみ》し、生長の家の考え方、生活の仕方が貴方の心にしみこんでくると、夢の様だと思ったこの生活が、貴方のものとなって、自然と貴方の生活に、幸福が訪れてまいります。

生長の家の御教《みおしえ》が、この『光の泉』が、貴方を訪れたと云うことは、貴方の人生の夜明けが訪れて来たことです。これから段々貴方の生活が明るくなって来ます。もう既《すで》に、いくらか貴方の心の中が静まって来ました。心の暗《やみ》がうすくなって、明るく楽になって来ました。この『光の泉』の中に、まるで温泉に入った時の様に、のびのびと心を伸ばしておれば貴方はきっと、ニセモノでない、スフ入りでない本当の幸福を、しっかりと自分のものとすることが出来ます。私は今、その案内役をしているのです。さあ御一緒に御出《おい》で下さい。先《ま》ず、皆さん、其《そ》の儘《まま》で「有難うございます」と唱《とな》えて下さい。合掌して、二度三度唱えて下さい。「神様有難うございます」と唱えて下さい。

皆、誰でも、幸福になりたい幸福になりたいと一所懸命、生命《いのち》をすり減らす様にして努力を重ねても、どうしても幸福になれないのは、幸福とは何であるか、そして、何処《どこ》からどの様にして得られるものであるかを知らないで、まるで統制《とうせい》の乱れた群衆が、自分の進む本当の道を知らず、群衆心理の混乱の中で、ざわざわとざわめいている様に、貴方が、幸福と云うものの本当の相《すがた》を知らず、幸福になりたい幸福になりたいと、ざわめいた心で幸福を追い求めているからです。貴方は、幸福とは何であるかが、はっきりとわかっておりますか。若《も》しも、わかっていなかったなれば、貴方は今日から出直さなければなりません。貴方が今、幸福になれていなければ、やはり幸福と云うものを考え違いしているのですから、やはり今日から出直さなければなりません。

幸福が何であるか、その幸福の正体《しょうたい》を知りたかったなれば、貴方は、もっと心を静めなければなりません。貴方の心が本当に静まったなれば、今迄貴方が追い求めていた幸福が向こうから貴方の処《ところ》へ訪れて来ます。貴方が何処にいても、何をしていても、其処《そこ》へ幸福が貴方を訪問してくる道がひらけて来ます。しかしそれは、貴方の友人が貴方の家の扉をあけて外から訪れて来る様に、外からやって来るのではなく、貴方の心の中から幸福が出て来るのです。お母さんのお腹の中から可愛い赤児《あかご》が生れて来る様に、貴方の心の中から生れて来るのです。幸福は、貴方の中に、貴方の生命《いのち》が神様によって創《つく》られた時に、入れられているのです。心を外界に捉《とら》われず、心を静めて、自分と云うものの本当の中味が、自分に観《み》えて来る様に自分を訓練して行かなければ、本当の幸福と云うものは、何時迄《いつまで》たってもわかっては来ません。だから、外界にのみ心が捉われて、外に幸福を求めているのは、青森行の汽車にのって大阪に行こうとしている様なものです。天国は此処《ここ》に見よ彼処《かしこ》に見よと云う様にあるのではない。お前達の心の中にある、とキリストは申されました。天国とは本当の幸福のひろがっている所です。貴方の心の中に貴方の幸福が無限にひろがっているのです。ごらんなさい。幸福を外に求めながら、私は幸福だと本当に悦《よろこ》びの声を出せている人は、何処にもいないでしょう。幸福を外に求めている人ばかりが、この世に満ちているので、その為に、この世は、この様に煩《わずら》わしく、この様に不幸が満ちているのです。幸福は目に見える物質の中にはないのです。心とか生命《いのち》とか云うことを全くかえりみないで、物質の中に生活していては、いくら物質を自由にしていても幸福な生活をおくることは出来ないのです。この簡単明白なことが、はっきりとしなければ、自分では幸福を求めている積りでも、五欲の泥沼の中で魂の温《あたた》まらない淋《さび》しい生活を続けて行かなければならないのです。貴方が、本当の幸福を自分のものとして、和《なご》やかな生きがいの中《うち》に今日を生き、明日への希望をひらいて行く生活をしたかったなれば、何よりも先《ま》ず、神をわがものとしなければなりません。自分を神の子として感謝して今を生き、決して、物質の奴隷《どれい》の如くに生きてはならないのです。本当に自分を神の子なる霊的実在と知り、肉体が自分で無いことを知り、神に生かされて今此処に生きている自分だと神を拝める心、これが幸福生活の玉手箱《たまてばこ》です。この感謝は、物乞《ものご》いの為に拝む感謝でもなく、目にみえる何が有難いと拝む感謝でもなく、只《ただ》、此《こ》の儘《まま》、神に感謝するのです。これは、世界で一番素晴しい感謝です。この感謝から、幸福の玉手箱がひらかれて行きます。

真理を知らない人は、自由になりたい、幸福になりたいと思って、物質の中に心の手をさし入れて行くのです。ひもじくやるせない心をさし入れて行くのです。巧智《こうち》の仮面《かめん》をかぶり、時には暴力となって迄、物質の中に心の手をさし入れて行くのです。しかし、其処《そこ》には、本当の幸福も本当の自由もない。心が本当に自由であったなれば、貴方はきっと幸福です。心が自由を失うのは、物質の虜《とりこ》となって自由を失うのです。だから、若《も》しも貴方がこの虜となっていたなれば、自分で自分を其処《そこ》からつれ出して、神を愛し、神の愛を今に生きて行く生活をはじめなければなりません。愛とは自分に深切《しんせつ》にする様に、他の人にも深切にすることです。深切を蒔《ま》いて歩く人、他を悦ばせている人は、自分自《みずか》らも神の愛を受けて幸福になって行きます。自分に深切な人です。心によき想念を持ち、悪《あ》しき想念は捨て去り、深切を生きて感謝しておれば神の導きをうけて自然と幸福になって行きます。幸福とは心の状態であって、物質の状態ではないのです。物質の状態は心の状態の影にすぎません。又、皆さんは、あんな生活をしていて、どうしてあの人は幸福な表情をしておられるのだろう、又、あんなに豊かな生活をしていて、どうしてあの人は幸福だと思えないのだろう、と云う事実に度々当面したことでしょう。心の中から、神の与え給いし幸福が出て来なければ、人間は決して幸福にはなれないのです。それには、心に神を念じ、素直に深切に生きて行けば、神様がその人を幸福へ幸福へと導いて到る所に幸福の実《み》がみのってきます。不幸とみえることがあっても、それも新しい幸福への出発点となり、其処から新しい幸福の芽《め》がふいてきます。人間は神の子であって、神は必ず人間を幸福にしてくれる、霧は必ず晴れる日が来る様に、どんなことが自分の周囲に立ちこめても、悪いものであったなれば、必ず崩《くず》れる日が来るのです。形に現れて、即《すなわ》ち、目的を達した相《すがた》になって崩れて行くのです。神の心に自分を全托していれば、この力が生きて動いてきます。

万物を生かさずにはおかない神の浄《きよ》めの力、愛の力の働きです。

現実の問題に当面して、神を愛するよりも、物質を愛する念が貴方の心に立ちこめておれば、貴方《あなた》のなす仕事も、貴方の住む世界も、悪魔に魅《み》いられて、自分を幸福の勝利者にして行くことは出来ないのです。他人の生命《いのち》の芽を摘《つ》んで、その結果によって、自分の利潤《りじゅん》を得ようとする、小智才覚の徒に堕《お》ちず、他の人の生命《いのち》を生かす様に生きている生活こそ本当の幸福への勝利者の生活です。生命のドン底からこの生活をひらいて行くことが必要です。幸福になりたいと思いながら、此処《ここ》を見失って、心の中の主人公が、ソロモンの栄華《えいが》の様な環境をつくる為に、身を心を労して生きているのが、幸福に背をむけている人です。ソロモンの栄華の中には幸福はなく、かえって、野に咲く一輪の花の中に幸福がひらけていると、イエス・キリストは教《おしえ》をたれ給いました。しかし、地上の人間は、現象の誘惑に脆《もろ》いところがあるのです。此処を貴方の魂が卒業したなれば、確実に神の幸福を自分のものとする時が来たのです。神と富とにかね仕《つか》えること、自分を愛することも神の清浄なる愛の顕現《けんげん》に変貌《へんぼう》してまいります。スフの一杯入った様な幸福、模造品《もぞうひん》の様な自由に眩惑《げんわく》されることなく、本当の内なる魂の声をきいて下さい。太陽は、あんなに照り輝いています。それは、万物に自分を与えて万物を生かし続けているからです。しかし太陽は決して磨滅《まめつ》し減少すると云うことはない。この太陽の心を失うことは、魂の自殺行為です。世の中が複雑になって行くと、現象の人間は、本当の幸福の鍵であるこの心を見失いがちです。すると、由《よし》無《な》い知識の自力作善《じりきさぜん》の努力でこの人生を生きて行くようになります。皆さんは、時々心の足を静かにとどめて、神を想《おも》い、最善を想い、感謝の祈りを捧げて下さい。朝日新聞十一月三日の天声人語《てんせいじんご》欄《らん》に、「昔、南洋の土人《どじん》が日本にやってきた。電灯のスイッチをひねるとパッと電灯が明るくついた。水道をひねるとジャーと水が出て来た。これは便利なものだ、ぜひ土産《みやげ》にもらいたい」……と云ったと云うことが書かれていましたが、幸福を本当に自分のものとするにも、土人が電灯やジャグチを求める様に、目の前にある物質の中に求めたのでは、幸福を自分のものとすることが出来ないのです。幸福とは神の生命《いのち》のサキハエであり、神の愛のかもし出すものですから、「己れの如く汝《なんじ》の隣人を愛せよ」と云ったキリストの言葉が貴方の心の中に生きてきたなれば、幸福が貴方の周囲にひろがって、貴方は幸福の外へ出ることが出来なくなります。その為には、神は愛であり、万物は神より出《い》でて愛し合っているのである。自分も万物に愛されている、この生長の家の神一元の信念を貴方の信念とすることが必要です。

個人主義者、物質主義者はどれ程この世を自由にしても、その魂に幸福感は生れて来ないのです。個人主義は神の愛を知らないところから起るのです。静かに目を瞑《と》じて、神の愛がすべてに満ちていると念じて下さい。その神の愛が自分を生かしていてくれるのだと念じ、有難うございます、有難うございます、と感謝して下さい。そして、その愛を隣人に与えて下さい。与えて行けば、出して行けば目に見える相《すがた》となって現れて来ます。貴方の目の前にその為の機会が与えられています。「今を生かせ」と生長の家では申します。今を殺す者は永遠を殺す者です。今を生かせば永遠に生かされるのです。幸福を外に求める心を捨てて、この生活を生きて行けば、自分でも知らぬ間に、幸福が貴方の生活へ訪問して来ます。貴方の生活の其処此処《そこここ》に美しい花の様にひらいてきます。

幸福とは何でしょう。そして、何処《どこ》からどの様にして私達の生活に訪れて来るのでしょう。もう貴方は、この鍵《かぎ》を自分のものとしたのです。貴方はもう幸福であるより外《ほか》仕方の無い世界に来ているのです。

（昭和二八年一月）

祈りについての瞑想

或る日の記──

目とずれば心に思う何もなし　太古《たいこ》の音の澄《す》みわたるなり

遙《はる》かなるこの世の果《はて》に澄み通る　光の中の杉木立《すぎこだち》かな

或る日の記──

沢山《たくさん》の人の群《むれ》が道の両側に犇《ひしめ》き合う程に集っている。滅多《めった》に見ることの出来ない天国の行列が間もなく此処を通過する。それを見物しようとして集っているのである。やがてその行列が現れ目の前を通り過ぎて行く。その美しさ荘厳さに人々の心は堪能《たんのう》し陶然《とうぜん》としている。しかしやがてその行列も通り過ぎてしまった。しばらくの時が流れた。其処《そこ》には以前からの人達が、今迄の手付きで現実の物事を処理したり、人生の味わい方をして生きている。この寓話《ぐうわ》の人達の天地は、天は愈々《いよいよ》高く地は空虚《くうきょ》である。

絶対と云う言葉が生気《せいき》を失い、内外一如《いちにょ》が真理であるのに、内と外とが二元相対し、段々遠くはなれ三世流転の旋風《せんぷう》が虚動《きょどう》する。これは致命傷である。

内なる魂の声を肉体人間の呼吸で絶叫しても仕方がない。現象に立った空しい心で神の御前《みまえ》に叩頭《こうとう》し祈っても仕方が無い。しかも肉体人間の信仰はいずれもすべてこの辺が終点である。道元禅師曰《いわ》く、「発心《ほっしん》正しからざれば万行空《ばんぎょうむな》しくほどこす」と。唯物的な呼吸、五官に規定された観念の念で真理の世界へ入ってはならない。聖書のマタイ伝に曰《いわ》く、「狭き門より入れ、滅《ほろび》にいたる門は大きく、その路《みち》は広く、之《これ》より入る者おおし、生命《いのち》にいたる門は狭くその路は細く、之を見出す者すくなし」と。又、趙州《じょうしゅう》の無門関に曰く、「趙州和尚《おしょう》、因《ちな》みに僧問う、狗子《くし》に還《かえ》って仏性ありや也無《またな》しや。州云《いわ》く、『無』と」。進一歩せよ。進一歩の足跡を払拭《ふっしき》せよ。活発潑地《かっぱつはっち》太陽は只《ただ》照っている。端的にすっきりと大信心の三昧者《ざんまいしゃ》たること。神の言葉が空転しない様に。通り過ぎてしまわない様に、生かされる様に。十字の中心に発する至心《ししん》の祈りに大信心と大行《たいぎょう》とが発心する。アルファなりオメガなり。これをもって天国の内と外とを分かつ永遠の掟《おきて》とする。神想観の意義憶《おも》うべし。

或る日の記――

自《みずか》らの心の中に灯《ひ》を点《とも》せ。風が吹いても消えることのない灯。風と云うものを知らない灯《ともしび》。雨に打たれても輝いている灯《ひ》。雨と云うものを知らない灯《ともしび》。これはこれ天上界の灯《ともしび》である。神様が点《とも》して下さったこの灯を見出して神の子人間の生活が出発する。物質の生活から霊的生活へ、現象流転の生活から永生不死の生活へ新生復活する。空転から実成へ天地が回転する。「人の生くるはパンのみに由《よ》るにあらず、神の口より出《い》ずる凡《すべ》ての言《ことば》に由る」これは神の権威の語る言葉である。自分自身の生命《いのち》の中に、一切の人々の生命《いのち》の中に、森羅万象《しんらばんしょう》ありとあらゆるものの生命《いのち》の中に、この光は輝いている。ヨハネ伝福音書は語る。「光は暗黒《くらき》に照る、而《しか》して暗黒《くらき》は之《これ》を悟らざりき」と。「闇《やみ》の夜に鳴かぬ烏《からす》の声聞けば生れぬ先の母ぞ恋しき」。神は五官を超越し六感も超越している。この身この世の消え果てて独《ひと》り静かに祈る神想観。祈る自分も消え果てて限りも知れぬ生命《いのち》の世界。能詮所詮不二一体《のうせんしょせんふじいったい》、十字の中心の光明三昧。祈る心と祈られる願いがひとつに澄んで神の生命《いのち》の自行自展《じぎょうじてん》する大用現前《だいようげんぜん》の世界。神の祈りの中に己が祈りを見出して本当の祈りが誕生する。至心廻向《ししんえこう》とは独《ひと》り親鸞に於ける南無阿弥陀仏にとどまらず、祈りのもつ平常心である。神想観の意義憶《おも》うべし。

或る日の記――

神よ、この生命《いのち》が此処《ここ》にこうして生きていることが、狂い無く純一無雑に、貴方自《みずか》らの希望と願いの発現でありますように。神よ、この生命《いのち》が貴方のものであることを知らされてよりこの方《かた》、そして、自分と云うものは無いものであると云うことを知ることが出来、肉体の世界は夢にすぎないことが明瞭《めいりよう》になって来るにしたがい、無一物中無尽蔵と云うことや、コトバの創化力《そうかりよく》と云うことがもの云う人の如く生々《いきいき》と私の胸底《きようてい》によみがえってくるにしたがい、祈りと生活とは到底分つことの出来ないひとつのものとなってまいりました。祈りは生活に必要なものだ、この様に考えることは決して正当な考え方ではありません。祈りは生活になくてはならないものだ、この考えは一応論理的には正しい考え方でありますが、未《いま》だ何かしら、祈りと生活とがそれぞれ別個の位置にあって生活の中へ祈りを取り入れて来ている様な思考の空虚《くうきよ》がただよっています。本当の祈りとはもっと根本的なものです。もっと直接的なものです。もっと端的なものです。生命の霊です。この意義が完《まつた》くされなければ、信も行も、愛も深切も、三世を空転する自我心の労作に顚落《てんらく》してしまうのでありました。聖なる祈りこそは、この世の諸々《もろもろ》の光に光あらしめる光の霊であり、万物の霊長性の骨髄でありました。行願《ぎょうがん》の聖なる母体神想観。神想観の意義憶《おも》うべし。

或る日の記――

キリストのキリストたる権威は彼が十字架を掲げ、身心を捧げて十字架の霊光を成就《じょうじゅ》したところにある。聖書にしるされたキリストのコトバはすべて十字架上の霊光の顕現《けんげん》ならざるはないのである。ナポレオンもヒットラーも、そして又、現在、三世因果の理によって粛清《しゅくせい》の酬《むくい》をうけつつあるスターリンも、遂に彼等は、真に人生の勝利者ではあり得なかったのである。現象に瞞著《まんちゃく》されて彼等は亡び行く者の群に顚落したのである。亡びの道を栄光の道だと判断したのである。そして、あるいは心勇《いさ》み、あるいは心陶然《とうぜん》として、自《みずか》らを死に到らしめる道を進んだのである。それは彼等の五官が彼等を瞞著し、彼等を追いやったのである。私達が真に神の子である為には、肉の価《あたい》は死なり、このキリストの言葉の意義が、その意義のすべてが吾等の魂の声として完《まっと》うされなければならない。三十数歳の若き齢《よわい》をもって、肉体を十字架上に制《せい》せられたキリストは、彼は群盲の手に斃《たお》れた敗北者の如く見えても、彼こそは真に勝利したものなのである。死も亦《また》彼を破ることは出来なかった。死んでも死なない、死すとも生きんの生命《いのち》の権威が勝利したのである。キリストは永生を保ち、かえって、群盲が、罪が、十字架にかかったのである。眩《まばゆ》いばかりの光明が天地を光被《こうひ》したのである。

多くの神信心に真の権威と光が宿らないのは、現象を十字架にかけていない神信心であるからである。第一義実相の神の光を直《じか》に拝まず、現象の反射に依存《いぞん》して、神の光を拝んでいる信仰であるから、光の霊がないのである。本当の神信心、生命礼拝、信行一如《しんぎょういちにょ》と云うことは、五官がものを云って心を制している間は、どうしても生れては来ないのである。現象を十字架にかけて神に帰投《きとう》する生命体験によって、はじめて、神を信ずる本心が誕生するのである。現実を遊離《ゆうり》しない即身成仏《そくしんじょうぶつ》と云うことが真実誠に成就するのも此処《ここ》からである。此処が瞞著されれば、現実を遊離してはならぬ神は現実に成就されねばならぬと云う真理も、その意義が完うされずに、かえって、現象への後戻りの底《てい》となり、神が地上に勝利することは空しくされ、神を描いた肉体の心が依然として地の主人公であるばかりである。神信心からは有形無形に亙《わた》って無限の御蔭が生れてくる。これは貴《とうと》いことであり、有難いことである。神によって御蔭を享《う》けることは善いことであり、一糸一毫《いっしいちごう》の些少《さしょう》の事にも、天の御蔭《みかげ》、日の御蔭《みかげ》と隠坐《かくりま》して、感謝しなければならない。しかし、真に御蔭の意義が完うされ、無功徳一切功徳の反映と知らねば、御蔭信心に停着し五官の陶酔に退転する危険がひそんでいる。

神を信じ神に感謝する信仰は、高く天に昇って、現象の奥で其《そ》の儘《まま》信ずる信仰が誕生しなければならない。さもなければ、現象の風の吹き様によって、信も揺《ゆら》げば吾が身も揺ぐ。これをどうして金剛不壊常楽《こんごうふえ》の神の子の信仰と云うことが出来ようか。信仰の土台骨を現象に瞞著され、現象の風化作用に荒されない様に、しっかりさせることが大切である。

或る日の記――

「神は霊なれば拝する者も霊と真《まこと》とをもて拝すべきなり」とのキリストの言葉がある。此処《ここ》に最も大切な祈りの生命が語られている。これによって、神の子人間の祈りと、肉体人間の祈りが峻別《しゅんべつ》される。この祈りには現象は無い。無我無心であり、十字の中心より発する光明であり、今即久遠の天地の開く祈りである。天地のハジメは今をハジメとする理《ことわり》あり、の新生創造の祈りである。生也全機《せいやぜんき》の現《げん》、死也《しや》全機の現、生死《しょうじ》の中に仏あれば生死なし、生死即ち涅槃《ねはん》を成就する祈りである。生死が一如《いちにょ》に澄んで久遠生命が今此処に現前する祈りである。

現象に浮動されて祈っても本当の祈りは祈れない様に、現象の安泰に坐して祈ってもその祈りは虚仮不実《こけふじつ》である。祈りが健全に生きない心にどうして歪《ゆが》みの無い信念、大信心が生れようか。生命《いのち》が生命《いのち》する大行《たいぎょう》が行じられようか。現象を透過し得ず、現象に瞞著《まんちゃく》され停着すれば、信行ともに、三世流転の幻影にすぎない。神信心には現象は無い。神の子人間は肉体ではない。無指にして立つ指の倶胝竪指《ぐていじゅし》の意義憶《おも》うべし。至心廻向《ししんえこう》の六字の名号《みょうごう》に蘇生《そせい》した親鸞の信仰憶《おも》うべし。いずれもともに、現象本来無、一切脱落の境に仏を発見したのである。これはこれ即ち即得往生《そくとくおうじょう》今此処天国、庭前既《ていぜんすでに》有一枝春《ありいっしのはる》である。

吾等の祈る神想観も凝念《ぎょうねん》に非《あら》ず、観念の念にも非ず、其の儘素直に神の生命《いのち》が生命《いのち》する、光明三昧の祈りである。肉体を超えた生命の端的、霊と真《まこと》をもて拝すべきなりの成就である。この祈りは、大生命と個生命との本来一体を成就するものであり、又、神の独《ひと》り子の権、万物の霊長性の聖誕である。東西南北四維《しい》上下を尽す十字の光明であり、人境《にんきょう》人を奪わず、物心に即して自他を晦《くら》まさず自然法爾《じねんほうに》に生命《いのち》の生きるところ、佑啓《ゆうけい》の気又無限である。祈りの内容は霊魂進化のバロメーターである。神想観の意義憶《おも》うべし。

或る日の記――

「滅《ほろ》ぶるものは『真性の人間』に非《あら》ず。罪を犯すものは『真性の人間』に非ず。病に罹《かか》るものは『真性の人間』にあらず。」と聖経『甘露の法雨』を拝誦《はいしょう》しても、神想観の生命が生きねば生命の琴線《きんせん》にふれることが端的でない。又、「『汝らの内』即ち『自性《じしょう》』は神人なるが故に『汝らの内』にのみ神の国はあるなり。」と拝誦しても、同じ心の琴線にふれることが乏しい。そして又、「外にこれを追い求むる者は夢を追いて走る者にして永遠に神の国を得る事能《あた》わず。」の神の権威も、読誦《どくじゅ》する者の生命の中に充分に意義を完《まっと》うすることが出来ない。或いは又、「『吾が国はこの世の国にあらず』と。この世の国は唯影にすぎざるなり。」との真理も生命に到らず、心意識の世界を空転する懼《おそれ》がある。神想観の意義憶《おも》うべし。これは即ち、神想観の権威の一端にすぎない。神想観の権威は、光の光であり、霊の霊であり、生命の生命である。文字《もんじ》のよく尽し得べきところでない。願わくは、われひとともにその意義の空転枯渇《こかつ》することなく完《まつた》からんことを。至心礼拝。

（昭和三一年六月）

私はこうして祈る

教団理事・教学部次長　吉田國太郎先生を囲む〈希望座談会〉

祈りは神に泣きつくためではない。〝祈り〟は外なる普遍的な神と、自己の〝内なる神性〟との一体感を喚《よ》び起し、神の祝福の霊波に自分の心の波長を一致さすのである。

※　いのちのこえ

記者　今日は吉田國太郎先生をお囲みして「祈り」について色々と御遠慮なくお話し合いして頂きたいと思います。

「祈り」ということは、私たち道を求めるものにとって非常に重大なことなのですが、一所懸命やっている積《つも》りでも何時《いつ》の間《ま》にか、自分考えでやってしまっていることがよくあります。

神誌の昭和三十一年六月号に『祈りに就《つ》いての瞑想《めいそう》』という吉田先生の御文章が載《の》

っていますが、その中に、「内なる魂の声を肉体人間の呼吸で絶叫しても仕方がない。現象に立った空しい心で神の御前に叩頭《こうとう》し祈っても仕方がない」というところがありますが、先生、これは具体的に言ったらどんなことになりますか。

吉田　私はその問題に入る前に、「祈り」というものは私達の精神生活のクライマックス的なものであるということが、土台になって来ると思います。凡《およ》そこの事が成就《じょうじゅ》しないと、その他の事が本当のいのちの声として出て来ることはあり得ないと思います。ここから魂の声が湧き上って来ないと、私達の生命は本当に生きて来ないし、地上の凡《あら》ゆる営みが本当の人類の福祉を増進するために少しも貢献《こうけん》し得ないことになります。ですから、私たちの「祈り」というものが、現象生命を超えたものでなければなりません。自覚の上でハッキリと肉体を抹殺《マイナス》した、その上に立つ「祈り」でなければなりません。

佐野　その抹殺《マイナス》する肉体ということで「肉体は神の自己表現である」ということがよく御本に書いてあり、また「肉体は迷いである」とも書いてあります。その「自己表現である」という場合と「迷いである」という場合では意味が異《ちが》うと思うんですが……

吉田　〝本来存在しないもの〟という意味で肉体は無明《まよい》ですが、神のいのちが表現されるための一つの道具であるという意味から尊重しなければなりません。簡単な場合で言ったら病気と健康に分けて考えたら一番判りいいんではありませんか。同じ肉体でも、健康であったらそこに神のいのちが現れている。病気であったら神のいのちが現れていない。真善美の内容が出て来ていれば、そこに神のいのちが現れているということになります。

※　祈っても不幸が現れるのは

戸崎　私の知っているクリスチャンの方で、常に祈りの生活をしていらっしゃりながら子供さんをフトした事から亡《な》くされた方がありますが、祈り方に問題があるという事なのですか。

吉田　肉体も環境も心の影ですから、例えば「祈り」ということが最も完全に出来たからと言って、その力が発現してその他の心が成就して来なかったら、その現れとして具合の悪いことが出て来ます。クリスチャンの方でありましたら受難礼讃の気持があるとか、私の子供一人位《くらい》犠牲《ぎせい》になってもよいという気持が或いは有るかも知れない。祈るには一所懸命祈っていたかも知れませんけれども、夫婦の間は不調和だというようなことが残っていたかも知れませんね。

戸崎　そういう訳ですね。

吉田　私達は、祈ってさえいたらその他の事はどんなに間違っていても、その祈りによって帳消しにされるかというとそうはいかない。凡《あら》ゆるものが良くなって来るのには、やはり根本の一番大切な「祈り」を忘れてはなりません。人間が神に生かされているいのち」であったら、「神の子」として当然なすべき祈りというものを先《ま》ずやれる位の心にならないと、その他のものを成就する力というものが自分の中から完全に出て来ないということになるわけです。

※　切実に神を求める心を起す

山川　誰でも大抵《たいてい》教えに入る場合に先ず純粋に正しい悟りの境地を求める――即ち菩提心《ぼだいしん》を起すというまでにはいかないものですね。大ていは子供の病気だとか何とか、現象的な原因によって入って行きますが、この〝現象を良くしたい〟という心と〝菩提心〟との関係はどうなりましょうか。

吉田　それは〝現象を良くしたい〟という心を機縁として切実に神を求める心を奮《ふる》い起す時、それが自《おのず》ら菩提心となります。それには、どうしても「祈り」が必要になって来ます。機縁は何であっても、先ず菩提心を発すべしを立てるということが肝《かん》要《よう》です。

記者　例えば子供の病気が機縁になってもいいわけですね。

山川　何が機縁でも、そこに菩提心を発してそれに祈りが加わる時に、それが「本当の祈り」になって来るわけですな。

私はこの間神誌に載っておりました伊東種さんの『成就しない祈りはない』（『生長の家』誌　昭和三十一年九月号八九頁）の御文章で、「谷口先生は祈りに明けて祈りに暮れる御生活をしていらっしゃる。その祈り故に立派なお仕事が運べていらっしゃる」という様なことを大変感銘深く拝見しました。失礼な言い方かも知れませんが、谷口先生にしてなお且《かつ》そうでいらっしゃるのであれば、吾々はなおさら、もっと祈らなければならないわけですな……。

※　求めるとか、力むということ

小池　その場合自分が求める祈りではなくて、神様に悦ばれる祈りということをお聞きしたことがありますが、神様は既に与えていられるのですからそれに感謝する「祈り」が大切なのではありませんか。

吉田　多くの人は、自分で一所懸命やっている積りで、実はやれる様な気持になるのを待っているのですよ。信仰を趣味でやってはならない。興味のある間だけやって、興味がなくなったら止《や》めるというのでは、五官の陶酔であって信仰ではありませんね。

山川　私は最初なかなか本当の「祈り」の中に入れませんでした。そこでとに角《かく》行ずることだと思って、食べることや眠ることに殆《ほとん》ど拘泥《こうでい》しないくらいに、十何年間というもの、命を懸けて働いたんですね。そうしましたところ、現象的に見れば何もないところから、或る形のものが一つ出来て来たのです。そして、その事を一所懸命やっているうちに、それが行き過ぎたのでしょうか、「祈り」という様なことが全然ドコかへ行ってしまったのです。そして家庭的に幾分不調和な状態が出て来ました。それで、これはいけないというので、一所懸命『生長の家』を拝読したり致しまして、現在では非常に調和した状態になりましたが、未《ま》だ巧《たく》まずして常住《じょうじゅう》坐《ざ》臥《が》「祈り」の心で生活するというまでには入れないのです。

小池　その場合に、もう既に希望の通り叶えられたという信念をもって信仰するということですか。

※　入口は目的ではない

吉田　これは非常に大事な問題ですね。「祈り」と申しますと何か空虚な気持の中へ何かを貰って来ようとする行いだと思っている人がいますが、その気持から脱却《だっきゃく》しなければいけません。

最初は皆そういうところから入って来ます。信仰は病気治しや経済苦の解決が目的ではないけれども、そういう苦しみのある人にとっては、恰《あたか》もそれが目的であるかのようなところからですね。最初はそれでいいのです。しかし、入り口はそれでいいということと、その呼吸でずっとやっていていいということとは別なんです。そういう気持でいるから、その気持から入《はい》れる手を延《の》べて行《い》ってやるだけで、入って来た人には一日も早く、「そんな呼吸でない気持からやる様にしなさいよ」と直して上げることが本当なんです。

山川　そこの所が承《うけたまわ》りたいのです。

吉田　それを直して上げようという話になって来ると、「しかし、これでもいいんじゃないですか。これでも救われている人があるじゃありませんか」という人もあるんです。しかしこれはあくまでも入口です。「祈り」もそれと同じことです。「祈り」によってやがて現象の世界も成就して来ます。しかし最初私達は、それを成就させることが「祈り」の一番大事な眼目であるかの様に思い違いをしてしまうんですね。

山川　そういう祈りからわたくし的な手垢《てあか》を除《と》った時に本当の「祈り」の悦びが出て来るのです。それを自分の〝こえ〟とすることなんです。自己の確実なる認識とするということですね。

※　感激は五官の陶酔に逆戻りする

吉田　感激などというものも求めてはなりません。それは信仰の属性であって、本質ではありません。感激が出ていないことによって、それは未《ま》だ本当の信仰でないというような価値判断をすることは出来ますが、感激というものを信仰の本性だと思いますと、そこから私達はまた五官的な陶酔《とうすい》の世界へもどって来るおそれがあります。

佐野　「信」というものは感激を超えているのですね。

吉田　感激だけをとらえてそれを信仰だと思っていますと、そこに何か未だ本当でないものが残る。そして、本当でないものの〝毫厘《ごうりん》の差〟が積って行ったときに、信仰だと思っていたものが、いつか信仰の如き精神状態――即ち五官の世界に後戻りしてしまうことになります。ですから、「祈り」も、ここにこうして自己が生きているそのままに、神の無限が生きているのであるということを信ずる道なんですね。それには、肉体をマイナスしたいのちの端的をしっかり立てなければなりません。これが第一義の「祈り」であり、生長の家でいう「神想観」になるわけです。それが出来た時にそのいのちが色々な活動をします。いのちの中にあって当然出て来るべきものが〝祈りの言葉〟で祈るときにコトバの創化力で現れて来て、そこで初めて「即身成仏」の天国浄土が展開する。

江口　素晴しい世界ですね。

吉田　それを外の形だけ見て、あの人「祈り」の力であんなに良くなったから、よし私も一つ祈りましょうというような気持ではいけません。そんな人にはうしろから行って、「あんたそれで本当の祈りの悦び、神の子の悦びに入ろうと思ったら間違いです。〝祈り〟を何か現象の空虚を充《み》たすための最高の技術であるかの様に考えていてはいけません。そんな現象を求める気持を無くしなさい。何が有っても何も無くともそのまま神の生命に生かされている神の子であるという無一物中無尽蔵の感謝を先《ま》ずしなさい」と忠告して上げる必要があります。

小池　それが本当の愛ですね。

※　祈りから生れた感謝

吉田　現象的に何かあったものを証拠にして、それで感謝をしているような感謝は後廻しにしなさい。それが無くても感謝出来るなら、それは神の子の感謝です。それが無くても出来る感謝の気持を覚えるのが、本当の「祈り」からの感謝です。

山川　やっぱり神想観ですな。

吉田　ええ。そこで、神想観はどんなに難しいかというと、神想観は自分がするんじゃない。自分の力でやるんじゃない。だから少しも難しい筈《はず》がない。「だって私のやるの難しい」と言う人は、それは肉体に引っかかっているから難しいのです。実際にやっていったら難しくないということが判るのです。肉体で屈折した心で考えるから難しい。先ずやるということが土台になります。

記者　やる前に求めるだけで止《とま》ってしまうんですね。

吉田　出発点――発心《ほっしん》が正しくないんですよ。発心が、とも角《かく》五官の心の空虚から出て、そしてチャンと出来た話を読みますと、「そうやればいいんですけど、やれるにはどうしたらいいでしょうか」などと、出所の間違った心で考えているんです……

山川　しかしそういう場合が非常に多いんですがね……

※　平凡なことが当り前に

吉田　だからそれではいかんというので、こういう風にしてお互い知らせ合って精《しょう》進《じん》して行かなければならないわけですよ。

山川　そこの一点をもう少し判りやすくお話し頂けませんか。

記者　それはやるよりほかないということになるのでしょう。

吉田　先ず私達は、自分が神の子であっても、現在その神のいのちが出ていないと判ったら〝これこそが神のいのちを出さしてくれるものである〟というものに随順《ずいじゅん》するということが先ず最初なんです。それが道の始まりなんですよ。谷口先生のお書きになったものを読むということがその姿なんですね。この最も平凡なことが当り前にやれないといけません。

記者　光の方へ向いたら光が射して来るのであって、暗《やみ》の方へ向いていていてどうしたらいいかと言っていても仕方がないんですね。

山川　そうですなー、光を点《とも》せば闇が消えてしまうんですから、その身このまま感謝でいいんでしょうね。

※「素直に有難い」が祈り

記者　行住《ぎょうじゅう》坐臥《ざが》、日常生活そのものが「祈り」であると思うのですが。

吉田　そのまま素直に有難いという心が行住坐臥の「祈り」なんです。私達はそのまま素直に有難いという有難さを忘れているんです。それでことさら、端坐瞑目合掌して神の心に波長を合せる祈りをしなければならぬということにもなるのです。そういう風に私達は、いのちの意味を正すべき時に正さなかったならば、常平生《つねへいぜい》の「祈り」も本物にならないことになります。

皆さんが茶道《おちゃ》を習うにしましても、キチッとすべき時に易々《いいかげん》加減にやったら、普段に飲むお茶の時に、茶道《おちゃ》を習うことによって自然にそこに出て来る風情《ふぜい》というものが出て来ないことになります。ですから何処《どこ》かで威儀《いぎ》を正してキチンとしないといけないことになります。この意味で朝と晩と二回位、言われた通りの姿勢と呼吸と言葉で、我《が》を出さずに神想観に坐るということが、どうしても大切なんです。この「神想観」で「吾が業《わざ》は吾が為《な》すに非《あら》ず」をやらなかったら、平生に「吾が業は吾が為すに非ず」とやったって、口の先の空念仏《からねんぶつ》になってしまいます。

※　形で見せるわけにいかぬもの

記者　『生命の實相』の中に、「深く思うことがいのりである」ということが書かれていますが。

吉田　その〝深く切なる思い〟が現象に屈折しないそのまま素直な言葉です。その〝そのまま素直な言葉〟が出てくるのには、先程言ったような「祈り」の中に私達のいのちが常に立っていなければなりません。そうする事によって〝そのまま素直に有難い〟ということがどういうことかが判って来るのです。今までの〝有難さ〟が過去の知識によってバックされた現象的な合理的な〝有難さ〟であって、〝そのまま素直な有難さ〟ではなかったことが判るのです。それはいのちの声だから形で見せるわけにいかない。やっぱり私達が「神想観」をやっていく、真理の言葉を読んで行くことによって初めて、〝そのまま素直に有難い〟ということが判ってくる。そうしますと私達は、広い意味におきまして常に〝有難うございます〟でやってゆくこと――これがそのまま「祈り」となって参ります。「生活」と「祈り」がそこで初めて本当に一枚になって来る。

記者　求めるとか何が欲しいとかいう事ではなくなって来るわけですね。

吉田　求めるのではなくて、そのまま素直に有難いが出てくるわけです。そこから私達がいのちの営みを成就して行った時に「こうしたらいいなあ」と出てくるもの、それはもう求めるのではなくて、いのちの表現として出て来るわけです。

山川　自然のもよおしですね。

吉田　求めているようであっても我欲の求めではなく、いのちを表現するための已むに止まれぬ清らかな求めとなるわけです。普通私達が〝求める〟という言葉で言った何か空虚な心に応ずるような〝求め〟ではなくなって来るのです。私達が「神想観」をして出した有難さ、これを「神想観」をする前の有難さと較《くら》べますと、天と地ほどの隔《へだた》りがあります。一方が天的であり、実相のひびきを伝えているのに反してもう一方は因縁仮和合《いんねんけわごう》、諸行無常のものです。「神想観」をして初めて「人間は神の子である」ということが判るのであって、真理の説明を聞いただけでは、私の場合それは理性のうなずきまでしか行かなかった。

※ 私の日々の祈り

山川 私はこういう風に祈っておりますがどんなものでしょうか。祈りの最後に、「神の御栄《みさか》えの顕《あらわ》れんがためにこの祈りを行じさせ給え」と切に祈ります。その前に沢山《たくさん》祈っております。

先ず第一に、独身の息子と妹のために、「この二人に既に良縁が得られております」と祈ります。第二に「私の仕事の経営が国民国家に大いに貢献しております」ということ。第三に、私の仕事の性質から、また御教えを伝えるためにも「私が自由に使える自動車が最も自然な形で与えられる」ということ。第四は、「家内がよく家事を全《まっと》うしてくれ、子供が健康で学業も立派にやっている」ということ。第五が「地方にいる弟と妹の上京が叶《かな》います様に」ということ。これだけの祈りをしております。谷口先生のお嬢様が「お菓子来い」と言われたらお菓子が来たというように、幼《おさ》な児《ご》の気持で祈っているつもりなんですが……

吉田　具体的なものを祈る前に、そういうものを一たん全部神様に全托して、何物も持たずにハイハイと神様のもとへ掻《か》き上《あが》って、「有難うございます」と言える思いの中に、先《ま》ず坐れるということが大切ですね。その感謝から出発した上の願いであり、祈りであればいいわけですね。

小池　自分の欲求とか希望を先に出す様な祈りは、神様の御心《みこころ》と一つになりにくいという気がするのですが……

吉田　先ず無条件に神様に感謝するようなところから祈り始めなければいけません。これが全ての祈りの土台です。この「祈り」の中から、神の子として当然現象的にもあるべきものが、自然のもよおしとして具体的に望まれて来るわけです。

佐野　「祈り」の時神に波長を合すために念波を強力に出すということもその土台の上に立っての事ですね。

吉田　そう。信じて確《しっか》り思うということですね。強力っていうことは確認するということです。

記者　心の底から確信できないものは本当の「祈り」ではないわけですね。単に観念的にではなくそれが絶対必要のものとして確信されなければ。

吉田　神様に全托して確信できればそれが本当の確信になります。そしてさっきも申しました様に、目の前に当面している事よりも、先ず本質的な事を祈ることです。余り細かいところは神様に委《まか》せておくことです。

※　願いが空転せぬためには

江口　私は「何か私の天分に適《かな》います方法で世の中のために尽すことができますように、それに必要な智慧を与え給え」と祈っていますが、この「祈り」は大き過ぎますでしょうか。

吉田　結構です。しかし「祈り」はかならず〝今を生かしながら〟ということをやらないと本当の「祈り」になりません。〝願い〟が空転しないでいのちの声となるには〝今を生かす〟ということを実践することが必要です。「世の中の為になる智慧を与え給え」と祈っているのでしたら、今自分の智慧を使うことによって世のためになることがあったら、どんな小さな事であっても自分としてそれを積極的にやっているだろうかと反省してみることが大切です。それをやっていませんでしたら、「祈り」が我《が》の心からの祈りになってしまいますから……

脚下《あしもと》を感謝するということがどうしても大切なことです。

※ 具体的な願いは？

戸崎 具体的に口に出さなくても神様は私達の願いを知っていらっしゃるんですから、唯《ただ》「有難うございます」の感謝だけでいいのではないでしょうか。

吉田 特別具体的なことを願わなくても、「神様を信じて委《まか》していたら良くなるんです」と全托できる人はそれでいいし、一応はそれ位の信念がなくちゃ駄目ですが、そういう信念の中から、「こういう事がこうあったらいいな」と「祈り心」が湧《わ》いて来て、そしてそれが「祈り」の根本から見ていいものであったなら、具体的に祈ることもいい事です。しかし「祈り」はそれだけ別に生活と離れてあるものではありませんけれども「祈り」は祈りでチャンとやって行かなかったら、私たちは本当の意味においてて物の束縛《そくばく》から離れられない事になってしまうのです。と言って「祈り」さえやっていれば、外《ほか》の事は放って置いてもいいかというと、そう一方的になってはいけない。

小池　具体的な祈りをするときに、何かそれは欲があってやる様な、キレイな「祈り」でない様な気がして真剣になれないことがあるのですが。

吉田　自分に欲があるとか、我《が》があるとかと気が付くということは尊い事なんですが、それを唯《ただ》「祈り」にまかせるだけで解決すると思ったら間違いです。やっぱりそれは、一つでもいいから相手が悦ぶように、相手の為になるように具体的な行いをもってやっていくことが大切です。

山川（夫人）　わたくし日々不足もなく、唯々感謝の生活をさして頂いているんですけど、私はこんなことを祈っております。田舎《いなか》にいる弟が来春には東京に転勤できるような気がしておりますので、「既にもう転勤させて頂いております」ということと、子供の方は「既に良い嫁をお世話して頂いております」と祈っております。

吉田　祈りましたら後は兎《と》や角《かく》考えずに、パラッと心から放っておく事が一番いいですね。

記者　神様は神様の方法で「祈り」を叶《かな》えて下さるんですから、自分の方法をつかんでしまうといけないでしょうね。

山川（夫人）　それから毎晩主人と一緒に時間を決めて、仏壇の前で『甘露の法雨』を誦《あ》げ、「神想観」をさせて頂いておりますが、何と云いますか、非常に有難い良い気持にならせて頂いております。

吉田　やっぱり、しなさいと言われたことをその通りやって行くことが何より大切なことですね。

山川（夫人）『甘露の法雨』を誦げ始めるようになりましてから子供が非常に素直になった様に思います。こうしなければいけないと言わなくても自然に子供の方でそうなって行くものなのでしょうか。

吉田　それは、御両親が我《が》の計《はか》らいを捨ててそのまま素直に道を行じて参ります時に、その姿が自然に子供さんに映って来るわけですね。信仰の道というのは、私達の計らい心でどうしなくても、自然に良くなって行く道なんです。自然と良くなって行く道というのが「そのまま素直に有難い」という感謝の道なんです。私たちが、「そのまま素直に有難い」世界へ入って行ったら初めて全てが自然と良くなって来るのです。どうしなくても自然とよくなる道に立った時、初めて、心に浮んで来たもよおしが我の計らいでなくてそれが又自然の「祈り」になって来るわけです。

※　祈りの裏付けになる生活

山川　その境地から出て来た具体的な「祈り」であればいいわけですな。

吉田　そうです。そして先ず感謝して、先ず与えることです。この先ず与えるということが「祈り」に伴わないと「祈り」が実を結ばないことになります。必ずしも物を与えることでなくても、感謝を表明して何かしら周囲に光を与えている生活をするということです。与える生活をしていない「祈り」は我執《がしゅう》の求めの祈りになってしまいますからね。

記者　与えるということは、日常生活で「祈り」の裏付けとなるような神の道に則《のっと》った生活をしながら、それが表裏一体となって「祈り」を更《さら》に深めてゆくことですね。

吉田　そうです。

山川　具体的に言えば、人を悦こばせるということ。その人の立場においてできることを、神様が行じていらっしゃるんだという気持で行なうことでしょうな。

吉田　そうです。どこまでも、先ず祈り、先ず感謝し、先ず与える事です。

山川　私は〝神想観〟はもちろん致しますが、時々寂《しず》かなところでゆっくりと坐禅をすることがあります。如何《いかが》なものでしょうか。

吉田　やはり〝神想観〟を先ず徹底してなさった方がいいと思いますね。

佐野　各々《おのおの》立場と使命に従って、個人的には何をしてもよいと思いますが御教《みおし》えを知り、御教えによって救われたお互いとしては、何よりも先ず御教えに忠実であるということは、忘れてならない根本だと思いますが。

吉田　凡《あら》ゆる宗教の神髄は、何《いず》れも内容価値においては尊いものであり、本来一つでありますが、私共はやはり生長の家に触れた縁と言いますか、信仰の貞操《ていそう》を大切にしなければいけないと思います。ただ凡《あら》ゆる宗教がみな同じ宇宙の大神の救いを示しているという点において、尊重と敬礼《きょうらい》の念を起すことを忘れてはなりませんが、私たちは、ここに凡ゆる思想、凡ゆる宗教を完成するために出現した「生長の家」の使命を充分自覚して、現代に生きるお互いの任務を悔いなく果して行かなければならないと思います。そして「教え」という姿で出て来たものは、どうしても一面において「祈り」というようなものによって霊感的にその本質をとらえられたものでありますから、私たちも亦《また》「祈り」によって、それを歪《ゆが》みなくたましい的に把握《はあく》して行くという実践が必要になって参ります。

純粋なる「祈り」によって神と一つになった、敬虔《けいけん》さの中から出て来た〝安心〟と〝力強さ〟という様なものを、やっぱりここに「光」として立てて行かなければならないということになって来るわけですよ。

記者　どうも長時間色々と有難うございました。

（昭和三二年二月～三月）

至心礼拝神想観

天地の太初《はじめ》の生命《いのち》（御親の生命）輝きて
不来《ふらい》にして来《きた》りしわが生命
来所《らいしょ》ももたず去所《きょしょ》もなく
東西南北四維《しい》上下
生死《しょうじ》の園に遊ぶなり。
御空《みそら》の星も野の花も
わが故里《ふるさと》の香《か》に匂《にお》う
火中にひらく一蓮華。
鐘《かね》が鳴る鳴る明けの鐘
今即久遠の一点鐘《いちてんしょう》。
仏心《ぶっしん》を覚了《かくりょう》すれば無一物

至心礼拝神想観

コトバの開く三界園《さんがいえん》
十字架の光あまねき妙法界《みようほつかい》。
肉体を寂滅《じやくめつ》なりと目覚むれば
この身即ち清浄心
天国は此処《ここ》を去ること遠からず
当所即ち天国浄土。
来所《らいしよ》ももたず去所《きよしよ》もなく
不来《ふらい》にして来《きた》りしわが生命
人境《にんきよう》人を奪わず奪われず
物心に即して自他を昧《くら》まさず
しばられていても自由自在
古聖も今に歩み行く
発心懺悔《ほつしんざんげ》諸愛行
前後際断中今《ちゆうこん》の
この世の果《はて》の遙《はる》かなる

至心《ししん》の生命《いのち》（神の御生命、本願力）の生くるなり
尽天尽地虚空際《じんてんじんちこくうさい》
大和の国のひらくなり
至心礼拝神想観

（昭和三二年三月）

わが夫を語る

吉田ひで

上野駅から、常磐線《じょうばんせん》を取手《とりで》駅にて乗替え、常総《じょうそう》鉄道を一区間、寺原《てらはら》と云う駅で下車すると、筑波山を北に仰ぎ見ながら、のびやかにひろがった、関東平野の一角に谷原三万石と昔より云われる、見渡す限り田圃《たんぼ》ばかりの中を走る一本道がある。「この辺は僕の幼少頃と少しも変らないんだよ。でもこの橋だけは木橋が取替えられて近代的なものになったね」と、小貝川《こかいがわ》と云う、川に掛けられたコンクリートの橋を指し乍《なが》ら良人《おっと》は懐《なつか》しげに説明してくれる。「お母さんお待ちでしょうよ」「役場の辺まで出て来ているかも知れんよ」などと、途切れ途切れの四方山話《よもやまばなし》を交しながら、一時間半ほどの道程《みちのり》も左程《さほど》遠く感じないで村に入る。戦争中永《なが》いことバスの往復が跡絶《とだ》えたので、私達夫婦は幾度か、この道をこの様にして通った。近年バスが復活して通う様になったので、取手よりバスで三十分ほどで、母待つ家に着ける様になった。お蔭で今では歩いた頃も、懐しい思出となって、復活したバスに感謝している。「お母さん来ました」と、門口から声をかけると、小ぢんまりした母は、「よく来たなあ、待って居たよ。」と、いそいそと出て来て喜んでくれる。私達が井戸端で、顔を洗い、口を濯《そそ》いでいる時なども其処《そこ》へ来て、お世話をして下さりながら、何時《いつ》かもう話がはじまっていて、尻上り弁《べん》の常陸《ひたち》言葉で優しく労《ねぎら》って下さる。

この母と良人《おっと》を世に云う「生《な》さぬ仲」と、誰が知ろう。その陰は何処《どこ》にも見当らない。「本当の母は理念の母で、生みの母も育ての母も、みんなその理念の母の現れである」と、良人にきかされている。この生長の家の御教《みおしえ》を本当にわからせて頂くことが出来て、やはり本当の母が此処《ここ》に居ると、私にも思える様になった。良人より貰《もら》った大きな幸福である。

面差《おもざ》し美しき人で評判であったと聞く、良人の生みの母は、良人の三歳の時、昇天されてその後この母が育《はぐく》みそだてられたとのこと、愛情豊かなる母は、健康に恵まれて居なかった良人を、素直に伸ばそうと、何時も心にかけて、「健康と幸福」とを祈ったと、きかされた。母子の切なる願いを、神は聞き給うたのであろう。今より十六年前良人は、「生長の家」を知ることが出来て、救われたのである。良人は入信当時の家族証、誌代受領証を今もなお大切に保存している。各証には、堀先生の懐しい筆跡で、吉田國太郎と書いてある。

先日お逢いした母は私との雑談中、良人の孝養に感謝して、現在の幸福なことを聞かせて下さったが、母の瞳《ひとみ》は涙で光っていた。「お母さん御遠慮することはないんですよ。お母さんの蒔《ま》いた種子が、芽生《めば》えたのですよ。今はもう収穫時です。金銭で求めることの出来ない、尊い愛を受けることの出来る人は、真の幸福者ですよ」と一日語りあってもつきぬ話であった。良人は母と私とが、睦《むつ》まじくしていることが嬉しいらしい。特別もてなしに心をつかうでもなく、言葉少なに、本に目を注いでいるが、真の魂での感謝は、無言のうちに通ずるのであろうか、良人を信頼し切っている母は、只《ただ》良人の顔が見えるだけで、満足そうであった。

神想観と良人とは、皆様がよく御承知下さることと思う。「神想観は渾《すべ》ての、渾ての光である。これが自分の信仰の生命だ」と良人はよくきかせてくれる。

時には、良人を、信仰一本槍の、コチコチやの様に思っている人がいて、「先生お宅で、御冗談など仰有《おつしや》ってお笑いになられること御座居ますか。」と、こんな言葉を耳にすることもある。留守がちの良人ではあるが、在宅の時は、朝晩の神想観、聖経の読誦は必ずされる。これ以外、お休の日などは神想観を重ねることも有り、書を繙《ひもと》くこともあり、又原稿に御質問に、筆をとって居ることもあるが、結構、ユーモアも飛ばし、面白い形容詞なども発して、子供の様に笑うこともある。

良人のところへ、たずねて来る人達の中に少年時代からの、親交の厚い友が二人いる。この方達は良人を、「神様」と呼んでいた。ニックネームであり、敬愛しての言葉であったが、無神論者であった二人とも、今は生長の家の信徒になっている。十年一日の如く不変なる交友を続け、無言の内に常に溶けあい尊敬し共鳴し合って居る。この姿を見るのが、私の大きな喜びの一つである。この人達が、年に一、二度「神様に顔を見せないと御利益がなくなる」と、冗談《じょうだん》を云いながら良人をたずねてくれる。こんな時の話題は、少青年時代の師、クラスメート、私の知らない場所や人の話が多い。そして最後の頃に、「神様の話」で、お二人が感心しているのが常である。「じゃ帰るよ」、「又来いよ」と簡単な挨拶を取り交わして別れを告げるが、真の友情の美しさ溢るるばかりに感じられて、心温まる思いがする。

良人の趣味は、「これ」と云ってあげることは出来ないが、私からみたら随分広くて、随分沢山ある。外出の時は必ず本屋へ立寄るのも中の一つであろう。音楽も、映画も、芝居もみんな好きだけれど滅多《めった》に行かない。行った時は本当に楽しそうである。

画展へ出かけた時などは、巨匠の作品の前に立つと我《われ》を忘れた様に見入って、いつまでもそこを離れ様としない。凡《すべ》ての芸術のささやきは、良人を悦ばし、話材を与え、作者の生命の流れをも教えてくれるのであろうと。良人の心の糧《かて》が、豊かなることを念じつつ、私は何時《いつ》も、良人の後に着いてゆく。

私達の部屋の梅林の絵も、鉢の金魚も、窓辺の欅《けやき》の繁みも向いの緑崖《りよくがい》もみんな良人の愛するものばかり、生命の歓喜は満ちる。

良人の言葉が私の凡《すべ》ての出発点である様に「天地一切和解」の神示を読みながら、私はこう祈っている。そして私の言葉は、良人の生命の喜びである様にと。私の内なる神よ、私に佳《よ》き言葉を与え、良人の心温まる日々を過《すご》させ給え。良人よ多くの信徒《ひと》に、より多くの御教《みおし》えの愛と光とを捧げられます様にと私は希《ねが》う。

（昭和二五年七月）

続　常楽への道（完）

続《ぞく》　常楽《じょうらく》への道《みち》

初版発行――平成一三年八月一日

三版発行――平成二七年六月一日

著　者――吉《よし》田《だ》國《くに》太郎《たろう》〈検印省略〉

発行者――岸　重人

発行所――株式会社　日本教文社

東京都港区赤坂九―六―四四　〒一〇七―八六七四

電話　〇三（三四〇一）九一一一（代表）

〇三（三四〇一）九一一四（編集）

FAX〇三（三四〇一）九一一八（編集）

〇三（三四〇一）九一三九（営業）

頒布所――一般財団法人　世界聖典普及協会

東京都港区赤坂九―六―三三　〒一〇七―八六九一

電話　〇三（三四〇三）一五〇一（代表）

振替　〇〇一一〇―七―一二〇五四九

装　幀――松下晴美

印刷・製本――シナノ

ISBN978-4-531-06362-8